遊撃する中小企業

福岡・佐賀・長崎 注目の企業15社

第2弾

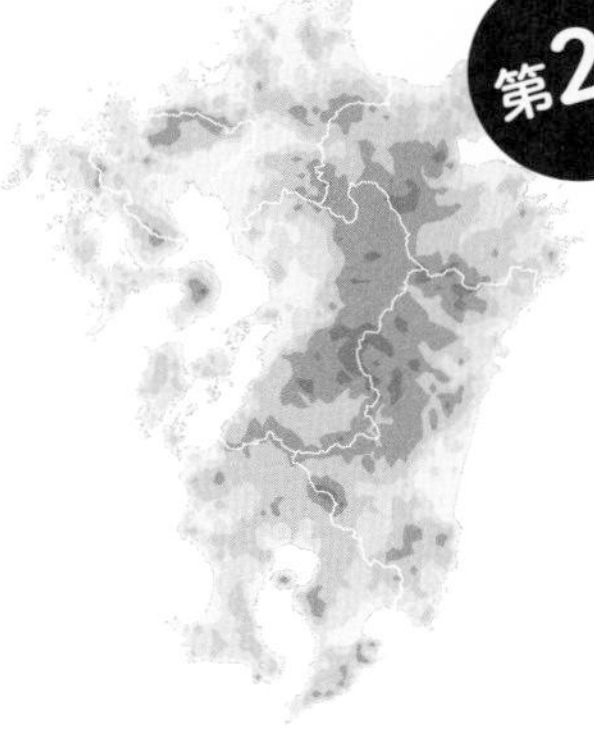

一般社団法人
九州北部信用金庫協会 編

梓書院

まえがき

本書は、2019年10月に発刊された同名の書籍の第2弾である。福岡県、佐賀県、長崎県の北部九州3県で実績をあげているユニークな中小企業15社の経営者を取材して、確かな実績を支えている経営手法や着眼点などをまとめた中小企業の自叙伝である。自叙伝には2種類あり、ひとつは当事者が書くものであり、もうひとつは第三者が当事者に取材して書くものである。本書は、後者に当たる。著者が当事者に取材して、当事者の歴史や実績、思いを活字にした。両者それぞれに良さはあるが、前者が主観的になるのに対して、後者は第三者が書くので、前者に比べれば客観的になる。私も努めて客観的になるように努力したつもりだ。それが奏功しているかどうかは読者諸賢の判断に委ねたい。

第2弾を刊行するのは、北部九州には知ってほしい中小企業がまだまだたくさんあるからだ。知られていないことは存在しないに等しい。小なりと言えども生き続けている中小企業の努力と実績を私たちはもっと知るべきだ。企業は法人税を納め、雇用を維持し、有用な商品やサービスを提供し続け、これらの活動によって地域に貢献している。知られることにより、そこで働きたいと思う人が増え、連携したいと思う企業が増え、その企業で働く人々とその家族の誇りとモチベーションが高まる。本書は、そうなるようにとの期待を込めて取材し、書き上げた15社の物語だ。

取材をしていて思い浮かんだキーワードがいくつもある。不思議なことに、個々のインタビューで思い浮かんだキーワードが各社に共通しているのだ。15社全てを取材する中で、この話は、あの会社のケースと似ている、この話をあの社長に聞かせたい、この社長をあの社長に引き合わせたい、と思うことが何度もあった。そして、第1弾で紹介した社長たちを思い出したことも多かった。

取材を通して出合った多くの企業に共通するキーワードを書き出してみる。「人の行く裏に道あり花の山」、「競争しない」、「宣伝にお金をかけない」、「自社が優位な場所を作り、そこで光る」、「新技術をうまく取り入れる」、「右肩上がりの成長は目指さない」、「目の前にいる顧客と向き合い、顧客を作る」、「キャッシュフロー経営」、「顧客と社員と仲間を大事にする」、「中小企業の連携とネットワークを生かす」、「知られていないことは存在しないに等しい」、「次世代の消費者を育てる」、「後継者を育て、引き継ぐ」などだ。

新規事業に取り組んですぐに成果を上げたのが、福岡県北九州市に本社と工場があるオーエーセンター株式会社だ。同社は、「ネジチョコ」というチョコレート菓子で、お土産市場に参入した。「ネジチョコ」は、ボルト型とナット型のチョコレート菓子で、チョコレートでできたボルトとナットは実物と同じように組み合わせたり、離したりして遊べるのだ。同社の元々の本業はＮＴＴとＮＴＴドコモの代理店であり、その売上は全体の８割を占めるが、お土産菓子事業に参入したのは、生まれ育った北九州市の八幡製鐵所が明治日本の産業革命遺産となったことがきっかけだった。吉武太志社長は世界遺産にふさわしいお土産を作り地域に貢献したいと思ったのだ。吉武社長が非凡だったのは次の３点だ。チョコレートの型を３Ｄプリンターで作ったこと。原料としてクーベルチュール・チョコレートを採用し、カカオの含有量を50％以上にしたこと。ＳＮＳやマスメディアの取材を活用し、広告費を使わなかったこと。お土産のお菓子に高級チョコレートの原料であるクーベルチュールを使うこともカカオの含有量にこだわることも聞いたことがない。こうすることで、同社は他社が入りにくい市場を創ったのだ。

世界遺産に紐づいたお土産、３Ｄプリンターのお菓子作り、お土産市場に初参入、見学コースもある自社工場を建てて製品作り、遊べるチョコレート、クーベルチュール使用のこだわり等々、メディアが取材したくなる要素は多い。これにより、新聞などで記事になる確率が高くなった。広告費を使わなくてもメディアに取り上げられる機会が増えたのだ。さらに、回して締めたり外したりできるネジチョコの見た目の面白さは、インスタ映えする。インスタグラムに写真が多く投稿されて、写真が拡散していった。広告費をかけない広報が可能になったのだ。

文字通り「人の行く裏に道あり花の山」を実践しているのは、佐賀県佐賀市の谷田建設だ。同社は、元々は土木建設業だったが、谷田政行さんが社長に就任したのを機に土木建設業者のゴミを処理する廃棄物業者に転換した。作る仕事から、作る仕事が捨てるゴミを活かす仕事に変えたのだ。建設業者にとっては、困りごとでしかないゴミを引き取って再利用し、再生する。新たに建設するために、すでにある古い建物や、子ども世代が独立し、都会に移住したために住む人がいなくなった民家を解体する仕事も引き受ける。その古い建物や民家に使われている部材や残された家具などの中にも再利用して価値が上がるものがある。民家の解体から出るゴミは産業廃棄物ではなくて一般廃棄物として扱わなければならないものもある。そこで、一般廃棄物の認可を得ている企業をＭ＆Ａによって子会社とした。今や、同社は、産業廃棄物処理業と一般廃棄物処理業、解体業と不動産業を一体として運営し、そうすることによって、ゴミという裏道の花の山をさらに大きくしている。

「持続は目指すが、右肩上がりは目指さない」のが後藤の饅頭だ。福岡県田川郡香春町にある饅頭製造販売店である。1948年に祖父が創業し叔父が育てた手作りの饅頭屋を継ぎ、今も祖父のレシピと手作りを頑なに守り、甘酒饅頭を作り続けている。作っている商品も、作り方も70年前の祖父のやり方のまま。一日に300個以上を作ることはなく、1個130円の価格も叔父の時代のまま。それでいて、客は訪れ、長居をし、世間話を楽しみ、売り切れになればその日は終わり。支店を出す気もなく、デパートの展示会出展にも関心がない。右肩上がりの成長は考えていない。続くことに最大の価値を置いている。取材して知ったのは、持続することの価値、変わらぬことの価値である。私たちは右肩上がりの成長ということにとらわれ過ぎているのではないかと思った。経済や経営を論ずるときに私たちの頭の中には、いつも成長の二文字がある。しかし、後藤の饅頭は成長とは無縁だ。「商売は笑売だ」と後藤社長は言う。客の笑顔を生み、それを続けることがミッションなのだ。取材しながら、饅頭を買った客が自宅で家族とともに饅頭を食べるシーンを思い描いた。定番の商品というのは、こういうものを言うのだろう。「今、目の前にいる顧客と向き合い、客を作る」、「競争しない」などもこの会社のキーワードだ。

中小企業の連携で成果を上げているのが、チーム大川である。福岡県大川市は、家具業者の集積が日本一の家具の町として知られている。この町の組子職人、木下木芸の木下正人社長は、ＪＲ九州の富裕層向けクルーズトレイン・ななつ星の車内インテリアに組子を納めたことで全国に知られるようになった。木下社長は「昔は『くみこの職人です』と言っても『クミコさんのだんなさんですか』と言われたほどです」と笑わせるが、ななつ星が組子を採用したことによって、全国の組子職人や建具職人が仕事に誇りを持てて元気になったと喜ぶ。大川市も大川の職人たちも広告費を使ったわけではない。木下さんが今、力を入れているのが、地元大川市の職人たちがチームとなって仕事をするチーム大川だ。下請け仕事が多かった職人の仕事だが、チーム大川では、チームの全員が顧客から直に仕事を受け、必要なチームメンバーとの協業で顧客の期待に応える。元請け下請け関係であれば、顧客の依頼を受けるのは元請け業者だけで、納品も元請けが行い、下請け業者は顧客の依頼の内容を直に聞くことも、納品して顧客の喜ぶ顔を見ることもできない。「これではモチベーションが上がらない」。そう考えた木下さんたちは、志を同じくする職人たちのチームを作った。チームとして仕事を請け負うのでチームメンバー全員が顧客の注文を聴き、依頼に応え、納品は全員で行う。自分たちの仕事の成果を見て顧客が喜ぶ顔を見ることができるのだ。チーム大川は、組子職人や建具職人など職人たちの働き方改革なのだ。

「中小企業の連携とネットワークを生かす」ことの重要性を改めて認識したのは、福岡県柳川市に本社と工場を持つ竹嶋繊維の竹嶋紀年社長の話を伺った時だ。同社は、大手企業の福助の工場から出発し、福助との良好な関係を維持したまま、独立を認められたユニークな会社だ。福助だけではなく、女性の下着の大手メーカーなどとの良好な関係を継続している。そんな同社が、このコロナ禍で、医療従事者が着用する医療用ガウンを大量に作る仕事と出合った。その量は初期ロットが50万着。中小企業が捌ける量ではない。しかし、竹嶋社長は断らなかった。竹嶋社長は、コロナ禍で社会的な意義がある仕事だから引き受けるべきだと考えた。そして、同業の中小企業と連携すれば、可能になると考えて受注したのだ。この判断は秀逸だ。中小企業1社ができる量は限られているが、中小企業が集まれば、できる量は増やすことができる。我が社だけではできないと諦めてしまえば、仕事は大手が引き受けることになる。中小企業同士が連携することで、大手しか引き受けられないと思われていた仕事を中小企業が引き受けられるようになったのだ。これは、中小企業の連携が大きな可能性を持っていることを示している。

取材した企業の全てに共通しているのは、オーダーメイドである。受注生産であり、指名買いだ。本書で紹介した各社は、客から指名されて頼まれて期待されている会社たちなのだ。その会社にしかできない技があり、それを評価する客がいる。そして、客はその会社に頼み続ける。会社は、その期待に応え続ける。そういう関係が維持されている。それがあれば、中小企業だって生き続けることができる。客は浮気であり、浮気な客の気持ちを揺さぶる言葉もモノも巷には溢れている。その中で客に選び続けられること、そのことこそ企業の生き残りにとって重要だと思う。

ああ、また書き過ぎてしまったと思う。これはまえがきであって、本文ではないのだった。私が取材して印象に残ったことを思い出すのはここまでにしよう。この続きは、この先のページを開いて読み進んでいただきたい。

私は、福岡市内にあるふたつの大学院とふたつの大学で教えているが、本書で取材した企業たちを院生や学生たちにぜひ知らせたいと思った。コロナ禍が収まったら、学生を連れて訪問して経営者の話を聞くことを授業にしたいとも考えている。許されれば、社長さんたちをゲスト講師として招きたいぐらいだ。もちろん、本書は授業の教科書や参考書にするつもりだ。就職を控えている学生たちと話をしていて心配になるのは、実社会や実際の企業に対する彼らのイメージが皮相的で浅いことだ。働くに値する魅力的な企業が地域にあって、確実に実績を上げていることをもっと多くの人々に知ってもらいたいと願う。

本書の取材をした時期は、２０２０年の夏から２０２１年の春まで。コロナ禍の最中に取材をしたわけだが、どの会社の社長さんたちも気持ちよく取材に応じてくださった。心から感謝を申し上げたい。15人の社長とその会社の15編の自叙伝が揃ったわけだが、書きながら、社長さんたちに感情移入してしまう自分がいて困った。一編を書き上げた後、次に行くための気分転換が大変だった。このために入稿が遅れ、梓書院の前田司さんはじめ編集の皆さんにはご迷惑をかけた。粘り強く付き合ってくださったことに感謝している。

令和3年5月

若林ビジネスサポート 代表
事業構想大学院大学 客員教授
内閣府 地域活性化伝道師
若林宗男

*目次

「社長に聞く！」インタビュー動画公開中

Youtubeで公開中!

掲載企業15社のインタビュー動画を配信しています。社長の経験と実績に裏打ちされた「確固たる信念」や「地域を愛する姿勢」など、貴重なトークを動画でお届けしています。ぜひご覧ください。
＊動画は左のＱＲコードを読み込むとご覧いただけます。

＊本文中の内容は取材時に基づきます

1 コスモ海洋株式会社

代表取締役　金丸市郎　／　専務取締役　金丸哲士

海の中にビジネスチャンスを求めて
デジタル技術で海を拓く現代の匠たち
コロナ禍の前からテレワークを実践

創　業	1992 年 6 月 1 日
事業内容	海洋測量調査・探査・海洋土木工事
従業員数	30 名
所在地	北九州市門司区栄町 11-9
経営理念	誰からも信用される業務の遂行と信頼されるお客様へのサービス

磁気探査から海洋測量調査、そして海洋土木工事へ

創業は１９９２年です。海洋探査の仕事で10年、海洋測量調査と海洋土木工事の仕事で10年、合計20年間サラリーマンとして働いた後、友人と二人で起業しました。

会社設立時、関門海峡は第二次世界大戦終了後に遺棄・投棄された機雷や砲弾などの危険物が相当数残っており、これを見つけるための磁気探査の仕事に目を付けました。

機雷や砲弾の処理は航海の安全を確保する作業であり、国の管轄になりますが、我々の仕事は磁気探査でこれらの物が海底にあるかないかを調査することです。探査用の台船から磁気探知機を海底に下ろし、反応があった場所を特定し、潜水士が潜ってその有無を実際に確認します。機雷や砲弾を見つけた場合は、海上自衛隊が処理しますので、見つけるまでが我々の仕事です。また、潜水士は機雷や砲弾だけではなく、岸壁や船から海に投棄された家電やスクラップくずなども見つけることがあります。それらは船舶の航行や工事などの妨げになるので、事故につながる恐れがあるものは船上に引き上げ、産業廃棄物として処理します。磁気探査後に危険物や磁気反応物がないことを確認して、初めて浚渫《しゅんせつ》工事が行われます。さらに浚渫工事完了後、深浅（水深）測量をして海図を作成し、航路の水深が確保され安全に船舶が航行できるよう、海洋測量調査も行っています。このようにして弊社は磁気探査から海洋測量調査、海洋土木工事へと業務の分野が広がっていきまし

た。当初は、公共工事に伴う仕事はC、Dのランクの仕事が多かったのですが、最近では、Aランク（＝1件当たり億単位の仕事）の仕事も受注できるようになりました。

自己資金500万円で起業

創業は、会社勤めで貯めた自己資金500万円と友人の100万円を元手に有限会社としてスタートしました。脱サラをして起業したものですから金融機関とのお付き合いはどうしていいか分かりませんでしたが、知り合いの会社の社長が門司信用金庫（現：福岡ひびき信用金庫）と取引があり、紹介していただきました。設立当初は従業員も少なく、私は現場作業に追われていました。そんな時、門司信用金庫の担当の方に経理面で様々なサポートをしていただき随分助かりました。そのフットワークの良さに感心したことを今でも覚えています。

起業してから10年間は順風満帆でしたが、10年目に取引先が2社倒産し1500万円の赤字を抱えることになりました。倒産防止協会からの支援と自己資金でなんとか乗り切ることができましたが、本当に大変でした。しかしこれが私の大きな教訓となり、取引先を大手マリコンやコンサルに切り替えました。

ハイリスク・ハイリターンの海の仕事でもデジタル化が威力を発揮

海の仕事は危険と隣り合わせです。雨でも仕事はできますが、風は天敵です。強風により高波になれば作業船は出港できません。作業船が出港できなければ待機になります。我々の仕事は官公庁が発注する公共事業が主なので工期が決まっています。工期内に終わらなければ、次の工事や調査に進めないので、天気の回復を待って効率よく仕事を行うしかありません。このようにハイリスクな海の仕事の世界ですが、デジタル化が進み随分と仕事がしやすくなりました。例えば、創業時、深浅（水深）測量などは、取得したデータは記録紙に印字され、これにスケールをあてて数値を読み取り、専用ソフトに入力して図面化していたので、成果物ができあがるまで数日かかっていました。現在は取得した水深データを現場からインターネット回線で伝送し、事務所にいる技術者が専用のソフトウエアに読み込ませて図面化することにより、現場作業と並行しながらデータの解析を行っています。極端なことを言えば、現場作業が終わった技術者が事務所に戻る移動中に、別の技術者がデータ解析処理を行なうため、戻った時点で成果物を確認できるのです。

また、かつては海上の船の位置の特定が大変でした。風や海流、潮流により投錨しても船は流されているので、風の向きや潮が変われば船の位置も定まりません。しかしＧＰＳの普及により船の位置が正確に確認されるようになりました。

さらに海底の地形測量も、機器の進歩によってデジタル化が進み、その精度も格段に向上しました。当社には、水深400mまでの超精密な海底地形データを取得できるワイドバンドマルチビーム測深システムや、浅海部から深海までのあらゆる用途・条件の調査ができるサイドスキャンソナーシステムなど、海洋調査測量で使用する最新鋭のデジタル機器が4台あります。マルチビームは高額な設備投資でしたが、正確な情報を成果物として納めることができるためお客様の評判が良く、信用と信頼が生まれています。これら最新型の測量調査機器の導入などにより生産性は創業時に比べ2倍近く上がり、一現場あたりの作業人数も以前より2〜3割減らすことが可能になりました。

弊社では、最新の機器をできるだけ早く導入することにしていますが、導入してもすぐに使えるわけではありません。導入する最新機器は外国製品のため、取扱説明書はすべて英語です。日本製の説明書は丁寧ですが、外国の取扱説明書はアバウトなことが多く、まずは難解な英文を解読し、機器の特性をよく調べ、実験を重ねて使い方を熟知してから、準備万端で現場に行かせるようにしています。マルチビームを2007年に初めて導入したときは、翌朝の現場で使用するために深夜まで機器の動作チェックを

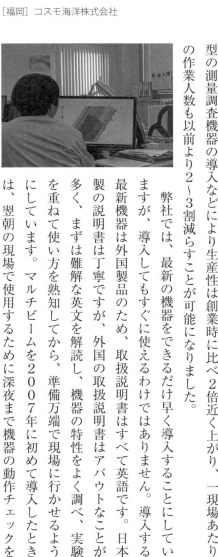

行い、現場で無事に測量データを取得できた、との連絡を受けた時は、ひと安心しました。もしも機器が思うように動かなかった場合は工期が遅れ、工事船舶の待機費用等は全て弊社が負担しなければなりませんので、トラブルが生じないように慎重に取り組んでいます。

マルチビームの力を証明した東日本大震災

ＧＰＳは今から20年ほど前、マルチビームは２００７年に導入しました。日本の民間企業としてはどの企業よりも早く導入したと思います。会社の規模は小さいけれど、機器の導入は早いんです（笑）。早く機器を導入する理由はふたつ。第一に早く活用したいからです。最新機器は導入してもすぐには使えません。現場に即した目的で使用するには機器の特性と取り扱いに熟知する必要があります。早く導入すればするほどこれが可能になります。第二に新しい機器の導入は新しい技術の導入であり、主要な顧客である官庁の受けが良いからです。

マルチビームは２５６本のビームを海底（構造物など）に発射し、形状を図化する機器です。この機器が威力を発揮したのが、２０１１年の東日本大震災でした。地震のため陸路は不通になり、大量の物資を運ぶのは海上輸送しかありません。しかし、津波により家屋や車などが海に流れ込み、船舶航行の妨げになっているので、海底障害物の状況を調査してほしいとの依頼がありました。一刻も早く被災した現場に駆け付けたかったのですが、九州にある会社なので現地の正確な情報（目的地までの交通手段、寄宿舎の手配、調査台船の確保など）がつかめず、まずは東北地方にある協力会社にマルチビーム一式を先に送り、技術者は現地の状況を見極めてから送り込むことにしました。結局、弊社の技術者が現地に乗り込んだのは2か月後の5月連休明けでした。最新鋭のマルチビームにより、津波で港に溜まったガレキなどの漂流物の調査、海底地形測量を行い、すべての漂流物を撤去して安全に船舶が航行できることに協力できました。この時期を境に、マルチビームは自衛隊などの官庁や民間企業に多く保有されるようになりましたが、すぐに使いこなすことが困難であり、問い合わせなどをたくさんいただきました。弊社がいち早くマルチビームを導入して技術的に使用方法を確立していたので、お役に立つことができました。

コロナ禍のずっと前からテレワーク

さきほど申した通り、海底の測量データを現場の技術者から事務所に送り、データをリアルタイムで解析しています。思えば、これが弊社のテレワークでした。海上の現場と陸上のオフィス、別々の場所で同時進行により分業するテレワーク。そのため、現場と事務所のコミュニケーションはとても重要でした。解析したデータを逐次現場の技術者へ送信し、データが不明瞭なものや未取得のものはすぐに連絡して再度測量を行います。常に良い海象条件とは限りませんので、台風などが襲来する季節などは、現場の稼働率も悪く、限られた時間で満足できる成果物を顧客へ提供できるように日々、精進しています。

危険と隣り合わせの海の仕事は安全第一

新入社員は潜水士の資格を保有し経験があっても、すぐに潜って作業することはありません。最初に覚えることは、船上から潜水士をサポートする「上回り」という仕事です。岸壁や船上にいて、潜水作業をしている潜水士との連携作業を習熟させます。

社員教育で徹底していることは安全研修です。何かあれば人命に直結します。特に潜水作業は自分の命を自分で守らなければいけませんので、何か起きたときにパニックにならず、いかに冷静でいられるかが大事です。２０２１年6月には、会社創立30年を迎えますが、幸いなことに今まで大きな事故は起きていません。現場の朝礼では、どういう危険があるのか、ケガしたときや潜水病に罹った場合どこに連絡して処置したらよいのか等を、作業に従事するすべての人に周知して現場に臨んでいます。潜って作業する人、船上で作業をする人は現場の危険性（リスク管理）について熟知していることが大切です。

アットホームな職場

仕事をする現場は全国津々浦々で出張も多く、30人の社員が顔を合わせないことも多いので、懇親を深めるため2年に1回は2泊3日の社員旅行をしています。旅費はすべて会社が負担し、旅行中の小遣いは社員が毎月給料から積み立てる仕組みです。旅行前日に従業員に積み立てた現金を手渡ししています。旅行に行ってもお小遣いがないとつまらないですもんね（笑）。行き先は社員のアンケートで決定します。仕事柄、海は見飽きているので、行き先は海無し県が多いですね。

社員の年齢は、下は22歳から上は85歳までと幅広く、アットホームな雰囲気で「おじいちゃん、お父さんお母さん、お兄ちゃんお姉ちゃんがいて、弟と妹がいる会社です」と先日、若手社員が言っていましたが、うまいことを言うなと思いました。

また、北九州市が認定する道路サポーターにも会社ぐるみで取り組んでいます。会社のそばにある門司港レトロ地区では土日にイベントが多く、毎週月曜日に社員全員で会社の前面道路230ｍを主として道路のゴミ拾いを行っています。この活動が評価され、2019年に北九州市より道路サポーター活動10年表彰を受けました。北九州市の隣町、苅田町でも清掃活動に参加しています。地元の人との交流も仕事には大切です。弊社はいろんな場所で仕事をすることが多いので、その土地の方と顔見知りになっておくと、現場で協力を得ることができるので、地域貢献の一環として清掃活動を行っています。

良い仕事を仕上げてきちんと終わるのが最高の営業

社員は30人ですが、弊社には営業に特化した人材はいません。良い技術を提供してお客様に満足していただけることが最高の営業です。あの時の仕事のせいで新しい仕事が来なくなったと思い当たるような仕事をしないことが大切です。技術者には「あなたたちがしっかりと技術を磨いて良い仕事をしているので、お客様からまた声を掛けてもらえる。だから、わが社には営業専門の社員は必要ない」と言っています。弊社の強みは信用と信頼です。

社内の風通しは良く、社員それぞれに個性があって若手が自由に発言する空気があります。経営者は聞き役に徹すれば良いのです。発言すると責任も出ますから（笑）。「自由に発言できるからみんな会社を辞めないのかな」と専務（金丸哲士氏）は言いますが、社員が好きなことを言えて、それを叶えられるようにするのが経営者の仕事だと思っています。

これからの展望

最近では海外での仕事も年2～3件は入るようになりました。ケニアでは地元の人に測量機器の取り扱いや技術指導をしながらＪＩＣＡの技術支援の仕事にも携わっています。

今後はさらに我々の技術を生かし、世界にも目を向けて様々な国で活躍できるように邁進したいと思っています。これから測量調査技術を学び、港湾建設などに取り組む発展途上国の人々に技術支援を行いながら、自分たちの手で作れるように指導していきたいです。海外での仕事は、弊社の技術者にとっても自分たちの技術力を確認できるので、非常に有意義です。

ココに注目！

コスモ海洋株式会社は、海の底に豊かなビジネスチャンスを見つけた会社だ。元々は、関門海峡に残っていた第二次世界大戦の機雷や砲弾などの危険物を見つけるための磁気探査をする会社だった。それが今では、危険物探査だけではなく、海洋測量調査や海洋土木の会社として発展している。創業から30年になるが、赤字になったのは一度だけ。ずっと右肩上がりの成長を続けてきた。関門海峡の浚渫工事や北九州空港の埋め立て工事などで実績を上げている。

企業経営を分析する手法に３Cがある。カンパニー、カスタマー、コンペティターの頭文字のCだ。これらの重なりの中で、競争条件や優位性がある市場を分析するのだ。コスモ海洋の特徴は、競争相手が少ないこと。陸上の測量調査、土木工事会社に比べるとはるかに少ない。金丸市郎社長は言う。「同業者は少ないですよ。10社ぐらいでしょうか。創業当時とほとんど変わっていません」。

新しい仕事を始める時、客はいるのかね、と聞く人は多い。客が多ければ成功する確率が高いと思う人は多いが、本当にそうだろうか。コスモ海洋の金丸社長の話を聴いていると、競争相手も客も少ないことが成功のカギだと分かる。客が少なくても、客が支払う金額が多ければ売上は大きくなる。売上は、客単価×客数だからだ。競争相手が少なければ希少価値が高くなる。顧客は個人ではなく企業や官公庁である。１件当たりの金額は大きい。さらに客が少ないということは、多くの顧客に営業活動をする必要がないことになる。これらがコスモ海洋の強みであり、成功の理由だ。同業者は全国47都道府県で10社。その真ん中で存在感を示している。

ポイントまとめ　**強みは競争しないこと**

1. 競争しない会社を目指している。「人の行く裏に道あり花の山」になぞらえれば、「人の住まぬ海の中こそチャンスの宝庫」。
2. 他社に先駆けて最新機械を導入する。これも競争しない戦略。
3. 海外の仕事を発展途上国に求める。発展の伸び代が大きい国々を応援する。これも競争しない戦略。

2 オーエーセンター株式会社

代表取締役社長　吉武太志

地元愛が生んだヒット商品「ネジチョコ」
世界遺産登録をビジネスチャンスに
グローバルニッチ戦略で未来を拓く

創　業	1985 年 1 月 16 日
事業内容	ＮＴＴ代理店、ＮＴＴドコモ代理店、洋菓子製造・販売
従業員数	85 名
所在地	北九州市小倉北区宇佐町 2-10-1
経営理念	地域に貢献、地域と共に発展

世界遺産登録から始まった北九州市ならではのお土産づくり

弊社はネジチョコというお菓子を作っています。文字通り、ネジの形をしたチョコレートです。ボルトとナットの組み合わせで販売しておりますが、本物のボルトとナットそっくりの形で、本物同様、実際に締めたり外したりできるんです。販売開始から5年が経ちますが、おかげさまで品薄になってしまうほど、今では北九州市の新しいお土産としてすっかり定着したように思われます。

北九州市小倉北区に本社を構えておりますが、実は弊社の主たる業務はＮＴＴ西日本㈱とＮＴＴドコモ㈱の代理店で、携帯電話など通信機器を販売しています。

通信機器を販売する会社が、なぜチョコレートを作るようになったのかと申しますと、世界遺産登録と関係があります。2015年7月、官営八幡製鐵所関連施設を含む「明治日本の産業革命遺産」が世界文化遺産に登録されたのですが、9月に北九州市から世界遺産のお土産を作らないかと声がかかったのです。

というのも、私はオーエーセンターの事業とは別に、

2011年に立ち上げたNPO法人ノースナインの代表を務めておりまして（ノースナインは「北九」の英訳）、本業の傍ら、北九州市の地域活性化に取り組んできました。一方、ドコモショップを新規開店する際に直営のケーキ店を隣に併設して飲食事業部を運営してきたこともあり、市から声をかけていただきました。

話を聞いてすぐに登録されたばかりの世界遺産を見に行きました。ところが、折角の世界遺産登録なのに、北九州の世界遺産にふさわしいイメージのお土産がないのは悔しいと思いました。当時は、人材不足もあってドコモショップの成長の限界を感じ、メーカーにならないといけないなと思っていた時期でもあり、メーカーになれるかもしれないと思ってチャレンジすることにしました。世界遺産のロゴが使えるという条件も魅力的でしたね。

どういうお菓子が世界遺産登録の八幡製鐵所関連施設のお土産に相応しいか、いろいろ考え、「昔から製鉄所がある北九州は〝鉄の街〟のイメージが強い。鉄をモチーフにしたお土産を創ろう」と考え、ボルトとナットに行き着きました。

3Dプリンターでチョコレートの型を作る

近代的な工場でお菓子を大量に生産しようとすれば、金型で作るのが普通ですよね。しかし、金型は製造期間が1か月以上かかり、費用も50万円はかかります。さらに仕様変更

なども業者に頼むしかなく、時間も費用も余計にかかります。そこで私は、３Ｄプリンターで型を作ることを考えました。３Ｄプリンターなら型の製造にかかる費用も10万円弱。一週間で開発できるし、仕様変更はＰＣでいつでもできる。むしろ、どうして使わないんだろうと思ったぐらいです（笑）。

　とはいえ、そう簡単な話でもなく、例えばネジ山の角度については試行錯誤がありました。締めたり外したりできるのが面白いので、締まり過ぎて抜けなくなると面白くない。ネジ山の頂点に丸みを付けると外しやすくなることが分かったので、ネジ山の頂点を丸くしたＲネジにし、特許を取得しました。これを金型でやっていたら相当高くついたと思います。

　３Ｄプリンターで型を作ることにした結果、地元の工業大学や高専などと関係ができ、産学連携を進めることもできました。３Ｄでのコラボやインターンの協力も得られるようになりました。

お客様が見学できる工場を作る

２０１５年９月にアイデアが固まり、ネジチョコを作り始め、２０１６年２月のバレンタインデーに発売しました。販売前からメディアに取り上げられたおかげで売り切れが続出し、手に入らないチョコレートとして注目され、ＳＮＳで拡散されました。生産拡大を意識して２０１６年夏にはドコモショップの２階に簡易的な工場を作り、当時は20人が手作業で1日に8千個を作っていました。

しかし、型からチョコレートを抜くのが大変で腱鞘炎になる人が続出しました。手作業を省くために自動化しなければと思っておりましたが、２０１８年末にようやく自動化の目途が立ち、補助金も得ることができました。そして、２０１９年に新しい工場を建てました。

新工場はラボラトリー（実験室）と名付け、明るい塗装にしています。初めから、お客様を工場に受け入れ、チョコレート

作りを見学したり体験したりすることを想定してデザインしました。地域のお子さんたちに来てもらいたい、良い思い出を作ってもらいたい、お客様が３Ｄプリンターを使って自分でチョコレートを作り、お土産に持ち帰ってもらいたい。そう思って、デザイナーを入れて色遣いも工夫しました。経理部門からは工場にお金を掛け過ぎと言われましたが（笑）、妥協はしませんでした。子どもたちが見学に来て楽しんでくれて、次世代の消費者になってくれれば、これが後で生きてくるはずと考えていましたので。

それと、小さいときの味覚は記憶に残ると考えて、カカオ分が50％以上のクーベルチュールを使っています。クーベルチュールというのは、洋菓子専門のパティシエが使うチョコレートの原料で、良質で濃厚なチョコレートです。「形が面白いからチョコレートの質は関係ない」という意見もありましたが、ここもこだわりを通しました。エモーショナルスイーツ、感情を揺さぶるスイーツ、共感を呼ぶスイーツ。そういうスイーツを作りたいと思ったんです。

工場では今も改善が続いています。私が目指す工場は、１００％自動化された、人の手を必要としない工場ですが、現状の自動化率はまだ70％程度です。オーナーパティシエが作るのではないので、だれでも仕事ができる工場が必要なのです。

海外のグローバルニッチを目指す

工場を作る前に、シンガポール、UAE、ハワイ州、カリフォルニア州などの催事で展示販売したことがありましたが、大変好評でした。日本のモノづくりに対する好感があるようで、クールジャパンを感じる商品として受け入れられたようです。そういうところに目を向け、海外市場に進出することを考えると、工場を新設してもよいと思えました。

ボルトとナットの形は万国共通だから、知財で守ることを考え、ネジチョコという商標登録と製造特許を国内で取得しました。海外でも10か国でチョコレートモルドボルトという商標を取得して、アメリカ、タイ、シンガポール、中国で製造特許の取得を申請中です。

コロナ禍で足止めを余儀なくされましたが、中国でインターネット販売する計画など、世界へ出て行く準備は着々と進めています。NPO法人として支援している小倉城のお土産屋「しろテラス」でゴールドや赤色のネジチョコを作ってバラ売りしたらすごく受けたので、アニメとのコラボで色付きチョコを中国で売りたいと考えています。

広告費をかけない戦略

ネジチョコの販売のために広告費はかけていません。今はテレビの時代じゃなくてスマホの時代、インターネット、ＳＮＳの時代ですから。２０１６年2月のバレンタインデーに販売を開始した時も広告は使いませんでした。一方で、北九州市のご当地ヒーロー「キタキューマン」が投稿したツイートが人気に火を点けてくれました。大手が販売するチョコレートは1箱40グラム程度で税込み１０８円~１１４円。これに対して、ネジチョコはボルトとナット1個ずつが入った個包装８グラムで１０８円。この価格で勝負できるのは、カカオ分50％以上のクーベルチュールを原料に使っているからです。大手の商品とは質も価格もターゲットも違います。売り場の質も数も対象顧客も全く違うので、大量広告で売る大手と同じやり方では効率が悪過ぎますから。

地元愛と地域への貢献

私が代表を務めているＮＰＯ法人ノースナインは、公害の死の川から復活した紫川で毎年開催されるようになったトライアスロン大会を支援し、小倉城の指定管理者にもなっています。現在は、北九州市立大学の3年生のゼミと連携して、規格外のフルーツを美味しいスイーツにしようとして動いています。長年のＮＰＯ活動を通じて、社会課題の解決に企業が役割を果たすことが期待されていると感じますが、ネジチョコが生まれたのもこのＮＰＯ法人があったからです。ノースナインには、私たちと働きたいという学生たちが参加してくれています。ＮＰＯ法人は重要で、成長のカギだと思っています。ＮＰＯ法人を活用しながら社会課題の解決と会社の事業をウィンウィンで成長させていきたいですね。

ＮＰＯ法人だけではなく、福岡県のサーフィン協会の役員や門司ゴルフクラブの委員、福岡県のトライアスロン協会の理事なども務めさせていただきましたが、会社の社長としての活動だけでなく、会社の外の活動にも力を入れています。というより楽しんでいるだけですが（笑）。

こんなふうに活動ができるのは、インターネットのおかげで、どこにいてもコミュニケーションができるようになったからだと思います。社外の活動をしていても、メールのチェックはマメなぐらいしています。返信も早いので、社員に不便や機会損失は与えていない自信があります。業績が上がらなければ何をやっているんだということにもなるので、しっかりやりたいと思っています。地域貢献活動などは、社長が関わると社会的なインパクトが大きくなります。こんなふうにマルチに動けているということが、クライアントであるＮＴＴとＮＴＴドコモからも理解され評価されていると感じます。

私は、自分のハッシュタグはたくさんある方がよいと思います。チャレンジしたいことがあれば、会社の給料を75％にして25％は自分の好きなことをしたらよいとも思っています。社員にもそうしてほしいと思っていて、社外の人を一人入れて、モデルになってもらいたいと考えています。みんなが刺激し合うような会社にしたい。会社の外でがんばって活動して、その成果を会社の中に返していくような仕事の仕方ができたらいいなと考えています。なので、社員の副業を奨励しています。社外のいろんなネットワークが会社にプラスをもたらしますから。

ＮＴＴとＮＴＴドコモの代理店としてできることは限られていますが、飲食部門は自分たちのブランドなので好きなようにできます。一方では、ＮＴＴのｅスポーツやＮＴＴドコモのレンタルサイクルなど、行政とつながることで前進する分野がありますから、ＮＴＴとＮＴＴドコモと、行政とのつなぎ役とも言えるかもしれません。ＮＰＯ法人で地域活動をしていることも、確実に会社の事業のプラスになっています。

地域への貢献も続けていきたいと思っています。ネジチョコは北九州の人の応援で生まれました。今後は、地元の大学や高専との産学連携をもっと進めていくつもりです。産学連携では、地元の大学生と連携して鮨まろという商品の開発を進めています。これは、お寿司の形のマシュマロとチョコレートのコラボ商品です。２０１９年から取り組み、すでに商標は押さえました。かなり好評で２０２０年の春から売り出す予定でしたが、コロナ禍で発売を延期し、10月に発売しました。

コロナによる停滞もありますが、注目すべきことは価値観が変わってきたことだと思います。みなさん、移動することの無駄というものを以前より大きく感じるようになったのではないかと。だとすれば、地方都市には有利に働くはずです。できる会社は、東京から離れることも考えるのではないでしょうか。北九州市は災害が少ないし、地震も少ない。だからチャンスがあると思います。

〔ココに注目！〕

オーエーセンターが本社を構える小倉は、長崎の出島に入った砂糖を運ぶシュガーロードと呼ばれた長崎街道の終点であり、和菓子屋が多い。和菓子職人は、木型を使う。

吉武社長は、木型、金型を飛び越えて、いきなり最新の３Ｄ技術を使った。シュガーロードの伝統から完全に非連続なモノづくりだ。ここを連続にしていたら、ボルトとナットの組み合わせをお菓子の世界で作ることはできなかっただろう。吉武社長は「素人だからできた」と笑うが、固定概念にとらわれない発想と新技術の融合がときにイノベーションを起こす好例であるだろう。

また、客商売では子どもをつかむのが重要だ。子どもの時に親近感を持ったものは大人になっても親近感を持ち続ける。しかも、子どもは消費者としての寿命が長いのだ。さらに、形の面白さだけでなく、チョコレートの品質にまで徹底的にこだわった結果、高単価でも売れる、リピートされる、といった強みにつながり、ネジチョコに競争力を与えている。

ポイントまとめ　**新技術、社会課題、地域貢献の組み合わせで、ニッチな土俵で勝負**

1．３Ｄプリンター、ＩＯＴ、デジタル化、デザイン志向など、新技術、新潮流に敏感であり、使いこなしている。
2．広告費をかけずに、メディアの取材やＳＮＳを効果的に活用している。
3．グローバルニッチ市場を狙うことと価格設定、品質、対象顧客が適合している。
4．社会課題の解決に企業が果たせる役割があることを理解し、ＮＰＯ法人と企業活動の両輪でウィンウィンの関係を築いている。
5．産学連携や行政との連携などに積極的に取り組んでいる。

3 株式会社ナダヨシ

代表取締役　植木剛彦

素人発想と玄人実行の精神
少量高品質の楽しいモノづくり
中小企業の連携を模索し商機を追求

創　業	1981 年 6 月 5 日
事業内容	精密板金、溶接加工、研磨一式
従業員数	20 名
所 在 地	福岡県古賀市青柳 194
経営理念	素人発想、玄人実行の精神とたゆまぬ技術の向上をもって人に喜びを与えるモノづくりをし、地域社会に貢献します

コロナ禍で生まれたオンラインショップと新製品

当社は、古賀市に本社と工場があるステンレス・アルミ・チタン・鉄の金属の板を加工して製品を作る、板金加工製造企業です。冷凍・冷蔵輸送車等のフェンダーやバンパー等の部品、病院の手術室の空調機などの製造で実績を上げてきました。特に、一品物のオーダーメイドの受注が多く、顧客のほとんどは企業です。

一方で、２０２０年6月19日に個人消費者を対象としたオンラインショップを開設しました。販売しているのは、立体マスク製作用金型、刺繍用金型、刺し子金型、バターナイフ、ステンレスサッカーボール、ステンレス似顔絵など24種類で、古賀市のふるさと納税の返礼品にもなっています。ステンレス似顔絵は写真をもとにステンレスを切り抜いて作る切り絵です。

オンラインショップは立体マスクを縫うための金型から始まった

新型コロナウイルスの流行でマスクが不足していた２０２０年3月のある日、当社を担当している保険の外交員が世間話の中で「コロナで訪問営業の機会が減って、手作りマスクばかり作っているけれど型が上手に取れない」と話されました。布をマスクの形に切り取るのに使う型紙が使いにくい、と言うのです。早速、インターネットでマスクの型紙を探し、ステンレス板で試作してみました。試作した金型を外交員に渡したところ、外交員はそれを使って自宅でマスクを作り、「紙の型紙より使いやすい」との感想をいただきました。そこで、ステンレスでマスクの型を作って配れば、自分でマスクを作る人の役に立てるのではないかと思い、本格的に作ってみることにしました。当時は日本中でマスクが不足していましたので、世の中のためになるならとマスク用金型を希望者に無料で配ることを決め、4月中旬から配布を始めました。このことを西日本新聞が記事で紹介してくださり、その日から数日間は会社の電話が鳴りっぱなしになって、電話対応とメールの返信、製作と送付作業に追われました。

BtoB取引しかなかった当社では、電話が鳴り続けるのは初めてのこと。当時従業員18人、うち事務員が2人という状況での電話の対応等は通常業務に支障をきたす結果となったため、4月24日に配布終了を告知しました。配布枚数は全国47都道府県へ、2500枚以上になりました。

当社の経営理念は「素人発想、玄人実行の精神と、たゆまぬ技術の向上をもって、人に喜びを与えるものづくりをし、地域社会に貢献します」というものです。保険外交員の困りごとから始まった素人発想。優秀板金製品技能フェアで多数の受賞経験を持つ当社の技術者が、カタチにしたのが玄人実行。マスクの金型を無償提供することが社会貢献。マスク金型無償配布は世の中から見れば小さな活動ですが、このエピソードにはすべてが表れています。

6月に入り、テレビ取材の申し込みがありました。「市場からマスクが消えた時、裁縫用のマスク金型を配布してくれてありがとう」という内容の生中継番組でした。打ち合わせに来られたテレビ局のスタッフに配布終了の旨を伝えると、「料金を取ってもいいじゃないですか。欲しい方は買いますよ」と言われました。確かにそのころにはマスク市場も落ち着き、緊急性はなくなっていましたが、マスク製作をファッションとして楽しむための需要はありました。無償配布中にも売ってくださいとの声もあったことから、テレビ放送の中継に合わせて大急ぎでオンラインショップを立ち上げ、体制を整えた次第です。

ステンレスを加工して楽しみを創造する会社

当社は、ステンレス板金溶接加工で楽しみを創造する企業です。板金業界で最も権威があり、価値がある加工技術・技能のコンテストといえば、工作機械のリーディングカンパニーである株式会社アマダが開催している「優秀板金製品技能フェア（以下、技能フェア）」。１９８９年から32回開催されているこの技能フェアで当社は17回大会から出品を重ね、24回の受賞を果たしました。最優秀賞である厚生労働大臣賞2回、中央職業能力開発協会会長賞1回、金賞5回、その他銀賞・銅賞など16回。工場横ギャラリーに数々の受賞作品を展示しています。展示作品の主なものは第22回で金賞・中央職業能力開発協会会長賞を受賞した「宝箱」。第27回に厚生労働大臣賞を受賞した「２４０面体」。第28回に銀賞を受賞した「ステンレス胡蝶蘭」。第30回に金賞を受賞した「ステンレス薔薇花束」。そしてたくさんの魚のオブジェなどです。

これらの作品は、いずれもステンレスの板を切って、曲げて、つないで、叩いて、磨いて作った当社の技術の結晶です。依頼主のためではなく、自分たちの技術を磨き上げるために作ったものです。より良いモノを作ろうと挑戦し続けることで、技術力も比例して向上します。そこにモノづくりの楽しさが詰まっているように思います。

賞で信頼を得る

リーマンショックの後は仕事が減り、他社が時短営業に向かう中、親しい友人知人から「こんなもの作っとらんで、少しでも仕事を取りに行きなさい」と言われても、先代の社長は毎日会社に出てモノづくりをしなければダメだと言い、今回の作品で金賞をとるぞと宣言しました。仕事が少ない状況を生かし、たっぷり時間と技術によりをかけて挑んだのが、第22回優秀板金製品技能フェア（２００９年~２０１０年）でした。当社は「宝箱」という作品で初の金賞と、中央職業能力開発協会会長賞を受賞したのです。「宝箱」はステンレスの薄板で作った道具箱です。溶接が多用され、その溶接の跡がわざと見えるようにしてあります。普通溶接をすると歪みが出て、蓋がずれたりするのですが、「宝箱」は蓋がピタリと閉まります。外側は溶接跡を見せてあえて磨き上げをせず、内部は工具が入らないような細かなところもきっちり研磨し、開けた瞬間まばゆくて驚くほどピカピカに研磨しています。誰もが不思議がるほどの出来栄えでした。熟練の技術者の技を組み合わせたことが評価されたのだと思います。受賞により、メーカーからの信頼、金融機関からの信用を得て、アマダ製のＮＣレーザー・タレットパンチ複合機（以下、複合機）を導入することができました。フルデジタルでＣＡＤとの連携に優れ、パンチによる穴開け、成型、ねじ切り後のレーザー切断など、複数の工程をひとつの機械で行うことができます。

溶接を減らす作りにもできるので仕上がりも良く、従来の仕事よりも3～4工程も減らすことが可能になります。複合機導入の効果もあってさらに技術力が向上していきました。遠賀信用金庫さんからの融資をもとに新たに第二工場の稼働も実現しました。

２０１３年には、今度は最優秀賞である厚生労働大臣賞を目指すぞということで、「２０１５年、大臣賞をとるぞ！」とスローガンを掲げて取り組みました。そして見事その年、第27回技能フェアで「２４０面体」という作品で厚生労働大臣賞を受賞しました。1枚のステンレス板から、サイコロの展開図のようにつながっている２４０個の台形を切り出し、それを折り曲げて組み合わせて立体を作ったのです。実用性はないのですが、形が美しく、どんなふうにつながっているのかすぐには分かりません。そこが面白いというのが我々の狙いでした。

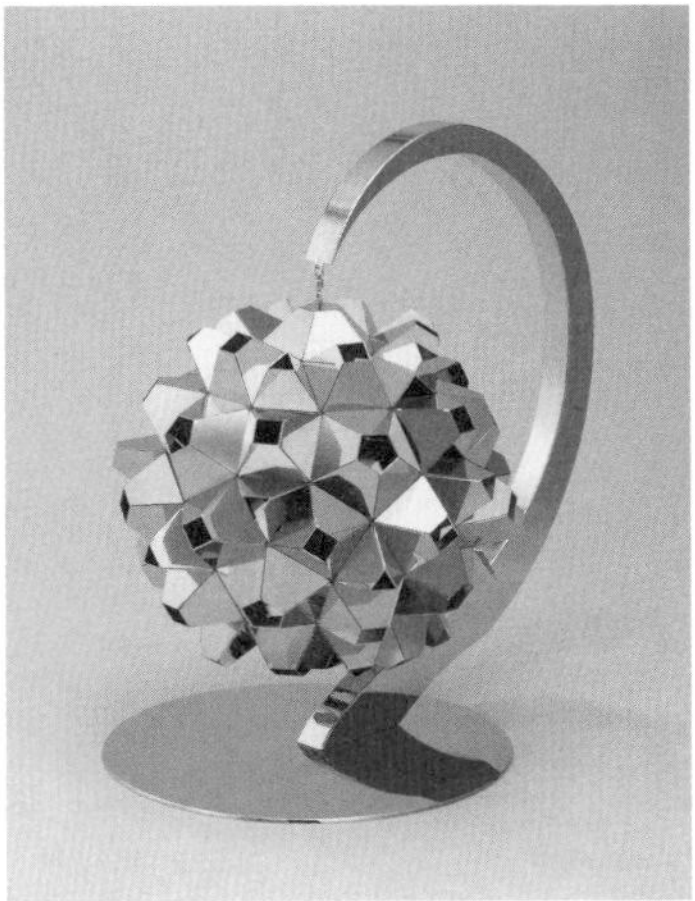

受賞して感じたことは、実用的なものでなければ評価は得られないのではないか、という心配が杞憂だったということです。審査された方々が、「今持っている技術の最高峰を集めた作品を作ろう！」という当社の志を理解してくださっ

た結果だと思っています。ステンレス加工で楽しみを創造する会社、人に喜びを与えるモノづくり。作品はナダヨシの経営理念そのものです。

実用性のあるもので賞をとる

実用性のあるもので賞をとるという課題は、数年後に成し遂げました。第31回技能フェアで、「園児用デザインシンク」で厚生労働大臣賞を受賞したのです。これは、福岡県糟屋郡の同業者、ナサ工業株式会社が当社に製作を依頼したものでした。企業主導型保育

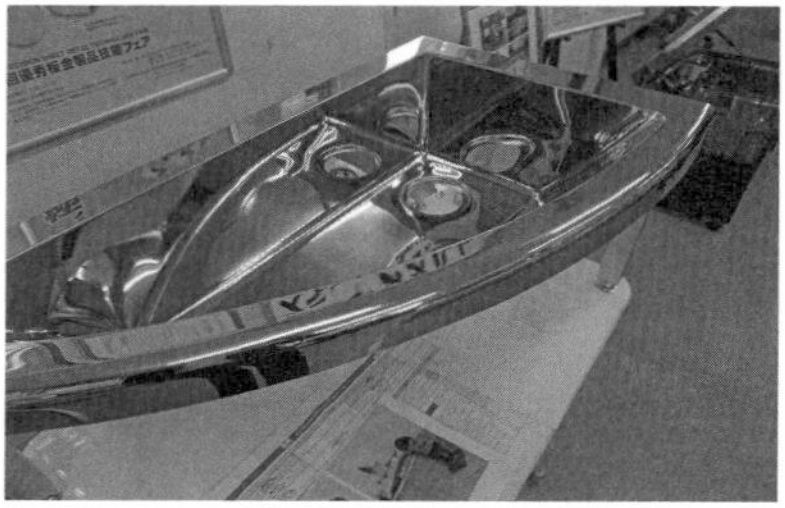

園を開園するにあたり、２歳児が初めて蛇口を操作して手を洗う「楽しくて安全なシンク」を作って設置したい、というコンセプトの依頼でした。２歳児が初めて蛇口を操作して手を洗う。どんな気持ちがするのだろう。考えるだけでワクワクします。子どもたちが手を洗うことが好きになる、使いやすくて気持ちが良いシンク。それにはどんな形が相応しいのか、考えました。

シンクと言えば通常は角が丸い四角形ですが、この園児用デザインシンクは船のような形にしました。楕円形を四半分にしたような形です。全ての辺と角は丸みを帯びており、鋭角のところは

ひとつもありません。シンクの左側が狭くなっていますが、それは設置場所の左側に出入り口があり、子どもたちがぶつからないようにと配慮した結果です。「上質の追求」を経営理念に掲げる同業の先輩企業であるナサ工業の依頼に、「人に喜びを与えるモノづくり」を経営理念とする当社が応えたのです。

賞がお客様を連れてくる、機械が仕事を持ってくる

性能のよい機械を導入すると、機械にお客様が付いて来ます。そしてお客様が仕事を持って来てくれます。新しい機械の性能を最大限に引き出せる会社なら、同業者や機械メーカーがお客様や仕事を紹介してくれます。新しい機械でないとできない仕事というのは確かにあります。機械メーカーは、その機械を導入した企業が、それを活用して、事業の幅が広がるような提案をしてくれます。ですから、新しい加工技術を求めている顧客を紹介してくれることもあります。アマダが続けている技能フェアというのは、工作機械の性能を最大限に活用して技術力を発揮する、その評価を受けるチャンスなのです。

技術交流が事業連携を可能にする

技能フェアに参加して受賞すると、受賞作品展示会場で他の参加者が話しかけてこられ

ます。技術者というものは、他の技術者の技に尊敬の念を抱きます。「これはどうなっているのですか？ 溶接の電流はどのくらいですか？」など、貪欲かつ掘り下げた質問をしてこられます。表彰式後の懇親会で技術交流が始まり、その後一晩中宿泊施設で語り合う姿もあります。それぞれの会社に戻ってからも技術交流は続くのです。

板金加工製造業は、ビジネスの発注規模が大きな業界です。10台や20台ではなくて１００台単位の発注が普通になっています。そういう時に、１社で１００台受けられないからと断ってしまうのは機会の損失です。他社と連携して分担することができれば、１００台を数社で受けることができます。そして、それは発注する側にとってもワンストップで発注できるというメリットがあります。このような分担は、技術交流などの機会にお互いのことを知り合っていなければ難しいものです。情報交換を通じて、技術者同士が話ができる関係になっていることが不可欠なのです。

アマダは、技能フェアを開催することにより、技術交流のプラットホームを提供してくれています。技能フェアに毎年出品する会社はいずれも技術力やデザイン力があるのはもちろんですが、積極的で社交的な方が多いように感じます。またそれぞれの企業で稼働している工作機械についての情報交換は、機械がよりよく使われ、未知の性能を引き出し、よりよい成果を生み出すことにつながります。こういう製品ができないかという相談があれば、そのネットワークでお互いの技術力の研鑽や、新しい発想が生まれます。このような交流が事業連携を可能にするのです。

若い世代への技術の承継が大きな課題

人口減の時代で優秀な技術者を確保することは、とても重要な課題です。当社では今まで、新規高卒採用をして育てるのが良いと考えていました。しかしながら、なかなか定着しません。原因はリーマンショック後の新卒採用を見送ってきたこと、それにより年齢層の空洞化を招き、若い世代と熟練技術者の間に世代のギャップが生まれたことでした。新規高卒採用者が心を開ける、年齢の近い社員が少なかったのです。この反省から、今では毎年新卒採用に加え、第二新卒や中途採用にも力を入れています。世代の溝を埋めることがコミュニケーションの活性化につながり、そこから技術の承継が可能になっていくと考えています。

これからはＰＣで機械をコントロールする時代です。若い世代はデジタルも含めて、複数の工程を遂行できる多能工として育て、キャリアのある技術者はその道を究める方向で発展させたいと考えています。しかしながら、製作の現場でしか学べない人の「技」の部分や、臨機応変な対応、創意工夫、デジタル化に頼った図面では描けないような細部の具現化も承継が必要です。創造力を養うことも重要だと思います。

〔ココに注目!〕

第31回技能フェアで厚生労働大臣賞を受賞した「園児用デザインシンク」のように、既存のシンクの形にとらわれない自由な発想と、それを使える製品にまとめ上げる技術力。手作りマスクを作るための型紙をステンレスで作ってしまうアイデアの柔軟性。技術力と柔軟なアイデア、自由な発想を大いに発揮して、九州のモノづくりを牽引してほしい。

ポイントまとめ

自由なアイデアを形にする、確かな技術の力

1. 短期間にオンラインショップを立ち上げ、商品も揃えてしまう機動力。
2. 最新の機械と職人の手仕事の協業。
3. 二度の厚生労働大臣賞受賞の技術力。
4. マスク製造用金型からステンレス薔薇花束まで、自由な発想でモノづくりを楽しむ力。

4　株式会社アプリップリ

代表取締役社長　有田栄公

家電からデジタルの法人サービスへ 地方創生と海外進出を 同時に実現するグローカル企業

創　業	1980年5月5日
事業内容	アプリ開発、クラウド型アプリケーション構築、業務ソフトウェアの提案、ITソリューション提案
従業員数	本社22名、ミャンマー子会社4名、グループ計26名
所在地	福岡県嘉麻市山野875-2
経営理念	お役立ちと安心をまじめに提供する

父親が創業した家電販売店を継いで、ＩＴ企業に転換して発展

１９８９年、21歳の時に実家に戻り、父と一緒に家族経営にて6年間家電の仕事に没頭しました。父は松下電器のチェーンストアーを経営していました。私は2代目の長男ですから、家業の家電販売店を捨てるわけにはいかなかったのです。当時、父と酒を飲みながら、話をしました。「もうそろそろ法人にしよう！」「国道沿いに電気屋建てたりするのもいいよね」など。バブルが崩壊する前後でした。競争相手のいない田舎、親子４人で仕事しますので、好調でした。それはもう、すごい時代でした。

家電店がパソコンを個人客に売る時代

１９９５年、Windows95が発売され、松下電器がパソコンを作るようになりました。これまでなかったパソコンを、我が社も販売するようになったわけです。そこで、パソコン販売の会社を27歳の時に設立しました。会社を作って法人経営の勉強を開始する思いもありました。社名は有田電器有限会社。単に有田電器に有限会社を付けただけです。

当時、弊社でパソコンを買う人は皆個人でしたが、3種類ありました。ひとつは、孫のために買うおじいちゃん、おばあちゃん。ふたつ目は、町内会の仕事をパソコンを覚えてちゃんとやりたいという方たち。みっつ目は、年賀状をパソコンで作りたい方々。パソコ

ンを売れば終わり、という時代ではありませんでした。「操作を教えてくれるならパソコンを買ってもいいけど」という方たちが１００％でした。Ａ４の紙に1時間で８千円のパソコン講習券を印刷して、短冊状に切って10枚ひと綴りにして８万円で販売。これが飛ぶように売れました。肩揉み券くらいの感覚で作りましたが、大人気でした。

法人がお客になる

そうこうするうちに、企業のお客様が増え始めました。パソコンで仕事をしたい、会計や販売管理をやりたい、見積もりをエクセルで作成したいという企業が増えたのです。家電は個人相手がほとんどでしたが、パソコンの購入客は法人でした。

個人と法人では、働く時間や提案スキームが全く異なります。父も私も、同じ場所で一緒に仕事をすることは不可能だと判断し、国道沿いに新社屋を作ることにしました。新しい会社は当時成長著しいＩＴでしたので、どんどん大きくなっていきました。私の会社を有限会社から株式会社に切り替えた時に、社名を有田電器情報システム株式会社に変更し、家電と情報システムの両方を扱

う意味を込めました。同時に父の会社を吸収し、父に取締役会長になってもらいました。社内に家電部門を新設しましたが、それから14年たった今年、父は元気なうちに家電業務を引退し、会社の家電部門は幕を閉じました。

初代と2代目の両方をやりたい

私は欲張りですので、悩みました。50歳になっても60歳になっても、「あんたはお父さんの敷いたレールの上を行けていいね」、と言われると思ったのです。町の電気屋の2代目の私がいくら頑張っても、お客さんも周りも、「お父さんの後を継げるからいいね」、というような見方しかしません。そう思われて年とっていくのって、なんか嫌ですよね。思案の末、「そうだ！　私が会社を作って父の会社を吸収したら、私が初代と2代目のどっちもできるな」と思い付き、一気にその方向に進むことにしたのです。

個人がお客の家電店から、法人がお客の情報システム会社へ

当時、筑豊地区のパソコン会社は弊社だけでした。そこでＮＥＣが肩入れして、私を育ててくれました。ＬＡＮやＷＡＮなどのネットワークの利用が始まった頃で、これらのネットワークサーバー知識を徹底的に教えてくれたのです。当時、この辺でサーバーを扱って

いるところは弊社だけでしたから、ものすごい量のお仕事を頂きました。

しかし、３００万円のご注文が同時に5件も来たらすぐに資金ショートです。当時のＩＴ業界では、ハードの仕入れは先払いで、お客様からのご入金はよくても翌々月払いでした。給料支払いは先に2回も発生しますので、資金繰りが本当に大変でした。いつも信用金庫さんに泣きついていました。プレイングマネージャーでしたから、納品物を作ることに燃えていて、資金ショートのことなど全く考えなかったのです。お客さんのために仕事が思いっきりできる喜びに満ちており、24時間３６５日働いていました。普通なら黒字倒産のケースです。信金さんには何度も助けていただきました。

お客様にも恵まれました。パソコン教室のチケット込みで売っていた頃は個人が中心でしたが、２年も経たないうちに法人が中心になりました。当時は、「パソコンを導入したい。御社で可能ですか？」という電話が多く、全国から調べて探して見つける姿勢のバイタリティある会社さんばかりでした。「5年10年先を見据えた取り組みをしたい」、「こういうふうにしたいけど協力してくれないか」と、前向きな話から始まりますので、使命感に燃えていました。こんな田舎にいて、そんな話から始まる

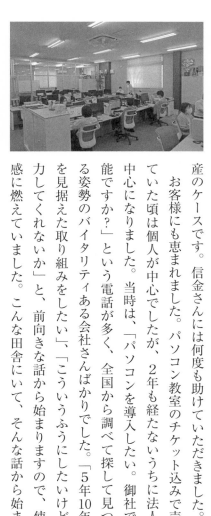

毎日ですので、社員一丸となって突き進んでいました。

そのうちの一社は建設会社ですが、今では地域のサブコン的存在になっています。お付き合いが始まった頃の売上は7億円とお聞きしていましたが、今では50億円を超えたそうです。だれよりも早く、建設業界にＩＴ導入を勇気をもってご決断された社長のすごさだと思います。バブル崩壊後で景気が悪い大変な時期に、ＩＴ化を決断されたのです。その会社の経理の方々にとっては、当時は雲をつかむようなＩＴ化でしたが、私たちを後押ししてくれました。社長は「不景気で仕事がないから、今準備するんだ」と言っておられました。

お客様が法人ばかりになりましたが、そのうちの1割は福岡県内で、残りの9割は全国にありました。福岡勤務の後、和歌山、それから岡山の支店長になられたお客様が異動する度に新任地に私たちを呼ぶのです。そして、「この支店のコンピューターの仕組みも福岡支店と同じようにやってくれ」とおっしゃるのです。また、福岡支店から他の支店に転勤され、「今度ご飯食べにおいで」とお誘いがあり訪問すると、仕事を作っていただいているのです。打ち合わせも何もなし。ありがたかったです。そうやって、全国に拡大していきました。

新社名は、株式会社アプリップリ。２０２０年１月に社名を変更

旧社名の有田電器情報システム株式会社は、ＬＡＮやサーバー、ビジネス電話機、セキュリティなどがメインのＩＴ事業者でした。しかし、今や我が社はソフトウェア開発やクラウドプラットフォームの提供が主となり、創業から40年の節目もあって、社名をアプリップリに変更。プリンス（王子様）のように力強くスマートで、プリンセス（王女様）のようにきれいでしなやかな、アプリケーション・サービスを提供するという意味です。

旧社名を付けた時、私は家電販売店の2代目として戻ってきたので、電器という名前が捨てられなかったのです。その結果、東京でも大阪でも有田電器情報システムは電器屋と思われていました。今は顧客の9割は福岡県外です。海外展開の第一歩として、今年2月にはミャンマーに１００％子会社、アプリップリ・ミャンマーを設立。登記なども横文字ですので、これを機に一気に変えることにしたのです。

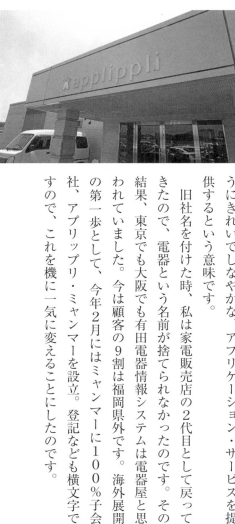

中小企業家同友会の例会で怒られて目が覚めた

福岡県中小企業家同友会の代表理事の任期が満了となり、相談役理事を仰せつかっています。同友会に入って19年です。会で学んだことで、忘れられないことがふたつあります。ひとつは経営者の覚悟、もうひとつは定期採用です。同友会で勉強をし過ぎたために会社の面倒を見るのがおろそかになり、経営がガタガタになったことがありました。私は技術者ですので、システムを作ったり、ネットワークを構築したり、何でも自分でするのが生き甲斐で、社員に仕事を任せられなかった時期があったのです。

同友会の例会で、「経営者と職人とふたつともしたいのですが、そのためにはどうしたらよいですか」、と質問したことがあります。私には切実な質問でした。欲張りだから、ふたつともできるはずだと思っていました。そうしたら先輩経営者からすごく怒られました。「自分がやりたいことをしたいのだったら同友会なんか辞めてしまえ」と。「お前は経営者の覚悟がない」「社員はお前のものじゃない」「社員のことを考えていない」「社員を信用していない」「三流やねえ」、とまで言われました。本気で叱っていただいたこと、とても感謝しています。

中小企業家同友会が重視する定期採用を実践

現在の従業員の数は26人。国内に22人、海外に4人です。毎年定期採用をしてきました。いくら能力の高い社員が揃っていても、彼らもいつか定年を迎えます。その時に若手が育っていなければ、会社の層は一気に薄くなってしまいます。あの時叱られたことが会社の運命を大きく左右しました。

13年ほど前、福岡県中小企業家同友会の共同求人委員会に勉強に行きました。すると、ある女性経営者から言われたのです。「有田くんはここで学んで、今年から定期採用を5年間は必ず続けなさい。考えるのはその後ですよ。でもね、多くの人が3年ぐらいで定期採用をやめるのよ。そして、やめた人の8割が同友会の求人委員会に行ったって無駄と言うの。有田くんは、8割になるのか2割になるのか、どっちかな」と。

この時、8割の方になる自分が見えた気がしたんです。へこたれて景気が悪いとか言って諦めて、自分が悪いくせに、「同友会の共同求人委員会で勉強しても意味ないよ」と言う自分がふっと見えました。そういう自分に腹が立って、絶対続けようと。この言葉がきっかけで、定期採用の仕組みを作ることができました。今では担当部署に全てお願いしており、会社の中に仕組みができています。

これからは社会貢献活動に取り組みたい

あと数年で私は会長になります。私は欲張りですので、若いうちに会長という立場で社会活動に関わりたいのです。40代とか50代で経験することに意味がありそうな気がしています。次世代に渡していく義務を大きく感じていますので。

地方創生の活動として、4年前に「株式会社かま」を設立。嘉麻市の人口は3万6千人で、毎年千人ずつ減っており、20年後も市があるかどうか分かりません。この辺りも太古まで遡ると2000年ぐらい前からあったはずでしょうから、今度は私たちの世代が地域を次の世代に引き継ぐ役割を全うしなければと思っています。

ミャンマーに子会社を作り、現地の女性が社長となって活躍

シンガポール、中国大連、ウラジオストク、タイ、香港、深圳など、アジア中でお取引させていただきましたので、その国の性格とか文化とか危なさが理解できるようになっていました。そんな中で、ミャンマー人は日本人みたいだと感じていました。

ミャンマーに詳しい方たちは、「50年ぐらい前の日本のようだ」と表現されます。50年ぐらい前の日本って、お米や醤油が家にない時は隣近所で貸し借りする付き合いがあって、隣近所は親戚みたいにお互い助け合うことがあたり前だったそうです。ミャンマーで

はそういうことが今も生きています。日本人と似ているという感覚はそのような部分だったのかもしれません。それで１００％子会社をミャンマーのヤンゴンに設立することを決断しました。これから50年、しっかり付き合っていくぞという気持ちです。ミャンマー子会社の社長は、ミャンマー人で28歳の女性です。彼女が地に足をつけてやれるようになったらよいと思っています。

それと、ミャンマーはアジア全体の中でどの国に行くにも便利です。ヤンゴンからバンコク、バンコクから香港、シンガポールにも上海にも近いですから。弊社のアジアでの事業の拠点になると考えています。

ココに注目！

家電メーカーがパソコンを売り始めた時から一貫して、顧客がパソコンやそれに続くネットワークやデジタルシステムを使いこなせるようになることを目指して仕事をしてきた。人口3万6千人の福岡県嘉麻市に本社を置きながら、企業のネットワークシステムやデジタル化を推進する仕事を提供し、顧客の9割を福岡県外の企業が占めるという。アナログの家電からパソコンに象徴されるデジタルに転換する時代の変化に、伸び伸びと対応してきたように思える。この「伸び伸び」感は有田社長の特質だ。私は欲張りだから、と口癖のように言うのがとても面白い。

それは、自分の中にやりたいことがあることを素直に認めて具体化する、有田流の行動様式だ。初代と2代目の両方になる、企業の会長として中小企業家同友会に貢献しようとする、地域おこしのための会社を起業する、社員の採用には関わらない、等々、有田さんらしいこだわりがとても興味深い。企業の会長と中小企業家同友会のリーダーを両立させようとしている、欲張りな有田さんのこれからの活動に期待したい。

ポイントまとめ

アナログからデジタルへ、地域を超えた活躍

1. パソコンの顧客が個人から法人になるのに合わせて、会社を分けて新会社を設立。
2. 客層に合わせ、時代と共にサービスを自在に変化させる。
3. やりたいことを妥協せず取り組む姿勢。
4. 県外の客との関わりが広がり、全国に顧客を持つように。
5. ミャンマーに子会社を設立。現地の人々による経営を続ける。

5 後藤の饅頭

代表　後藤裕樹

手作り、無添加の饅頭作りで 72 年
甘酒饅頭は創業以来変わらぬ味
お店を大きくしないことが繁盛の秘訣

創　業	1948 年
事業内容	菓子製造業
従業員数	4 名
所在地	福岡県田川郡香春町大字中津原 1050
経営理念	笑売と商売、短気は損気、急がば回れ

昭和23年創業、今年で72年目となる饅頭屋

「後藤の饅頭」という屋号の饅頭屋です。昭和23年に祖父が創業し、今年で72年目です。創業者の祖父が作った甘酒饅頭が主力商品で、祖父が作ったレシピ通りに今も作り続けています。添加物を一切使わずに手仕事で饅頭を製造し、販売しています。価格は、饅頭1個130円です。

祖父が始めた店を叔父が引き継ぎ、孫の私が継ぎました。自分が3代目です。店の名前が「後藤の饅頭」というように、後藤家の家業です。身内だけでやってきました。これからも身内だけでやっていきます。

昭和の時代、この辺りは炭鉱の町として栄えていました。祖父は大分出身なんですが、戦後すぐに隣町の伊田に来て、せんべい屋としてスタートしたと聞いています。炭鉱の町で人口も多かったですから。特に炭鉱夫の人たちは、労働の後、甘いモノを好んだということで、甘いものを売った方がよいのではないかと、饅頭を作り始めたと聞いています。

祖父が作った甘酒饅頭が人気商品　手作りで無添加

主力商品は、祖父が作った甘酒饅頭です。祖父が作った時のまま、材料も変えていませんし、レシピも全く変えていないです。何かを変えたら、もう味が変わってしまいますか

ら、この甘酒饅頭に関しては絶対に変えません。おじいちゃんが作った時のままの味とレシピと作り方を守っています。あんこも生地も全部手作りです。添加物も入っていません。一番の売れ筋は甘酒饅頭。やぶれ饅頭やあんなしまんじゅう、それに季節によっては「がめの葉」などを作っています。「がめの葉」は、葉っぱにくるんだ餅のお菓子です。これらを合わせて1日に200個から300個作っています。

甘酒饅頭は生地を発酵させなくてはいけません。発酵させないでいきなり餡を生地でくるんで蒸してしまうと、饅頭というのは潰れてしまうのです。ですから、まずは生地を発酵させて、それで餡をくるみ、少し寝かせてから蒸して完成します。全体で10時間かかります。私は毎朝2時半に起きます。そして工房に入って午前3時から仕込みを始め、13時に商品が出来上がります。商品が売り切れたら、その時点で閉店します。閉店時間は17時と決めていますが、閉店前に売り切れになることが多いです。だからと言って、それ以上は作らない。毎日無理なく続くことが大事と思っています。

お店を大きくするな！　守り続ける祖父の遺言

お店を大きくするな、というのが祖父の遺言でした。それを守っています。後藤の饅頭がこの地で72年も続けられたのは、お店を大きくしなかったからです。長く続くと店舗を増やしたり、広げたりするところがありますが、うちは祖父の遺言があるので、派手にしない、大きくしないということを大事にしてきました。祖父は言っていました。お店は一個でよい、一個のお店で多くを売りなさい、と。

創業者の祖父と2代目の叔父のおかげで、地元の香春町や田川では「後藤の饅頭」を知らない人はいないほどです。ありがたいことです。祖父の代からのお客様や叔父の代のお客様がまだまだたくさん買いに来てくださいます。

叔父の葬式の夜、承継を決心

後藤の饅頭を継ぐことを決めたのは、今から10年前、叔父が亡くなった時です。葬式の席で決めました。身内を見回した時に、男で跡を継げる働き手となると、私しかいなかったからですね。じいちゃんが始めて、叔父と叔母が継いで守ってきた店をつぶすわけにはいかないと思いました。じいちゃんが苦労して甘酒饅頭を作ったことは、子どもの時から聞いてきましたから。それまでは関東でサラリーマンをしていましたが、ふるさとに帰ってきました。

警備会社のセキュリティアドバイザーという仕事をしていました。饅頭を継ぐことは全く予想しておらず、ずっとサラリーマンを続けていくつもりでした。でも、長く続いている店ですし、もう僕しか継げる人はいなかったので、東京でサラリーマンを続けるよりこっちに帰って来て自分でひとつの仕事をしていく方がいいかなと思って、踏ん切りをつけてこっちに帰ってきました。

帰ってきてもすぐに跡を継げたわけではありません。叔母からも、継ぐのは修行して商売のやり方を覚えてから、と言われましたから。最初はこの店で修行しました。そして、1年後には実家の車庫をつぶして、自分の工房と店を作りました。後藤の饅頭の姉妹店の甘樹堂《かんきどう》と名乗って、道の駅への卸売りをしました。後藤の饅頭の姉妹店ということで、売れ行きは悪くはなかったです。そういうこともありがたいことでした。

右も左も分からない状態でこっちに帰ってきてすぐにやるよりは、修行の期間にある程度の経験を積んでから、饅頭屋を継げてよかったです。そして、叔母が80歳になったのを機に、この「後藤の饅頭」を継ぎました。甘樹堂を始めてから8年が経っていました。後藤の饅頭を継いでから2年になります。

72年のお客さんの蓄積

祖父の代から通ってくださっているというお客さんも、叔父の時から来てくださっているというお客さんもいらっしゃいます。長年ずっと来られているお客さん、リピーターの方が今もたくさんいらっしゃいます。おじいちゃん、おばあちゃんと言いましょうか、年齢層の高い方が来てくださっています。私が跡を継いでお店が続いていることを、よかったっておっしゃってくださるお客さんも多いです。

お店に来られるお客さんの年齢は高いですね、70歳から上の方が多い。90歳を越えている方もおられます。うちのおばあちゃんは後藤の饅頭のファンだから、おばあちゃんが元気な間は後藤の饅頭、と決めているというお客さんも多くおられます。

高齢のお客様が多いので、その人たちが卒業したらどうするの、と心配してくださる方もいらっしゃいます。でも、おじいちゃん、おばあちゃんの次の世代の方々も、年をとったら自《おの》ずとうちへ饅頭を買いに来てくれるのではないかなあと思っています。お店でお客さんと会話をすることが多いのですが、お客さんのお話を聞いていると、そんな気がします。甘いと言われるかもしれませんが、年相応の好みというものがありますから。

とはいえ、高齢の方ばかりではありません。若い方もいらっしゃいますよ。高齢の方と若い方と、比率は半々です。

お客さんの話を聞くと、リピーターが増える

うちの店は不思議なことに、饅頭が数種類しかないのに、しかも全体でも1日に300個も作らないのに、長居をされるお客さんが多いです。中には、4時間とか5時間もいらっしゃる方もおられます。皆さん、私たちと話をしていかれます。会話を楽しむというと、ちょっとよそ行き過ぎる感じがしますが。中には、饅頭を作っている時にもお構いなしに入ってきて、話をしていかれるお客さんもいらっしゃいます。

何を話していかれるかというと、世間話ですよね。多分、家ではだれも聞いてくれないから、後藤の饅頭なら聞いてくれるだろうと思って来られるのでしょうね。この土地に店を開いて72年間変わっていないですから、もう空気みたいなものなのかもしれません。この店には、叔母も母もいて手伝ってくれていますから、叔母や母に話をしたい人たちもいらっしゃいますね。

私たちも、なるべくお客さんと話をするようにしています。売るだけの商売だと、一見

さんで終わっちゃいますから。お客さんと話をして、その趣味とか、気になっておられることとかを聞いてあげて、会話を広げるようにしています。なにか、家族のような形ですね。この店が、話ができる場所だと思ってもらえれば、また来てもらえるじゃないですか。話をしに来られるお客さんには、饅頭の出来立てを差し上げたり、煎茶をお出ししたりしています。話が弾みますので。

商売は笑売、笑いを売って、饅頭を買ってもらう

商売は笑売だと思うんですよ。笑いながら商売しましょうと。笑いを売って、饅頭を買ってもらいましょうと。これは僕の持論なんです。お客さんも面白い話ができると思えば、また来てくださいますから。のべつ幕無し、お客さんが並んでいるわけじゃないですからね。うちの店は1日300個ですから、通信販売もやっていません。お客さんが店に来られなければ、売れないのです。ですから、来ていただくことが何よりも大事です。来ていただけるのはホントにありがたいことです。

近所の人はもちろん多いですが、遠方にも常連さんはいらっしゃいます。小倉、行橋、八幡とかですね。遠方と言っても、筑豊、豊前、地域的なつながりがあるところはお客様が多いですね。

広告宣伝費はゼロ

こんな商売をしていますので、広告宣伝はしていません。だって、効率が悪いじゃないですか。地元の香春町や田川市では知らない人はいないと思います。無添加で手作りという和菓子作りをしている競争相手もいません。ですから、地元で宣伝する必要はありません。それで1日に作る数が３００個以下ですから、その程度を売るのに広告宣伝費をかける意味はないですね。それにお客さんが増え過ぎたら、常連さんが困りますから。そもそも、お客さんを倍にしようなんていう考えはありませんから。

毎日お客さんに会えているのは大事なことです。お客さんのことが分かりますからね。ちゃんとお話ができていれば、また買いに来てくださいますから。

コロナの影響はない

コロナの影響ですか。ないですね。うちの場合はお店で直接販売する小売業なので、お客さんがここに買いにいらっしゃるので。もちろん、不要不急の外出は控えようということで、それぞれのお客さんの来店の頻度は減っていますけれど、全く来られないってわけじゃないですね。その分、一度来られた時に普段より多めに買って帰るなどされています。それから、頼まれて買いに来られる方も増えていますね。ですから、売上には影響ないです。

うちの饅頭は、冷凍保存できますので、買い置きして冷凍庫で保存される方が多いです。ですから、お店に来る頻度が減ってもあまり影響はありません。それから、お土産として箱詰めにして持って行くというお客さんも多いですね。ここに来ないと買えないので、特別感があるのでしょうね。コロナで外出を控える人が多くなっていますから、このニーズは増えているように思います。

帰って来られて、お店を継ぐことができて、ホントによかった

今年50歳になりました。関東から戻ってから11年になります。帰って来てよかったです。関東にいてサラリーマンを続けていたら、身体が持たなかったと思うんですよね。残業、残業で仕事に追われていましたから。こっちに帰って来たら、ノルマはありませんし、自分のお店ですから、自由に好きなことができる。上司もいないし、部下もいません。だから、ストレスもありませんね。

今は、体を鍛えるために、ランニング、筋トレをしています。若い頃から体を動かすのが好きで、サーフィン、スキー、バイクなんかもしました。最近、海釣りを始めました。近所の海、若宮の海で釣っています。

毎週月曜日が定休日で、お正月とお盆もしっかり休んでいます。お客さんも理解してく

ださっています。冷凍保存ができますから、お客さんが買い置きして自宅で保存してくださっています。

お店を継いでよかったです。感謝しています。お店を手伝ってくれている叔母と母と、そしてお客さんに。ホント、継いでよかったです。帰って来られてよかったです。

〔ココに注目！〕

後藤の饅頭のビジネスの特徴を一言で言えば、持続経営。大きくすることも、多店舗展開することも、商品を増やすことも考えていない。今日あることを明日も続けられること。そのことに最大の価値を置いている。無添加で手作りという創業以来の饅頭作りを守り続けている。それ故に、無添加で手作りには競争相手がいないと悠々としていられる。

売上が大きくなることや、お店が増えたり大きくなったりすることをビジネスの成長と考えている人からみると、対極にあるビジネスだ。じいちゃんが作ったレシピを守り、創業時の材料を確保し続けて、じいちゃんが作った饅頭を作り続ける。そのことに何の迷いも疑いもない。

話を聞いていて、すがすがしささえ覚えた。

迷いのなさはどこにあるか、考えてみた。それはお客との対話から来ているのではないかと思った。聞けば、常連さんの多くは、饅頭を買ったらすぐに帰るわけではないらしい。店主や店主の叔母や母と会話をしていくのだという。店主やその叔母と母も客との会話を楽しんでいる。常連客との会話、常連客を観察することが、お店の自信の裏付けとなっているのだ。

余談だがＵターン組の後藤社長は今ではストレスもなく、休日にはキャンプや釣りなどの趣味を楽しんでいるようだ。このような伸び伸びとした姿勢が、お客の居心地のよさにもつながっているように思える。

ポイントまとめ

変わらないこと、自分の立ち位置を守り続けることの強み

1. 無添加、手作り、作っている場所で商品を売る、１日に３００個以上は作らない、という創業の基本を変えていない。
2. 商売は笑売、笑いを売って、饅頭を買ってもらう。饅頭だけを売っているのではなく、客とのコミュニケーションも合わせて売ることで、客の満足度を高めている。
3. 隣の芝生を見ないで、自分の芝生に集中する。

6 株式会社 丸屋

代表取締役社長　家迫崇史

倒産寸前からの復活を支えた介護事業
年間 124 日　業界一休みが多い会社が
介護業界のデジタル化に取り組む

創　業	1953 年 10 月
事業内容	物品賃貸業（寝具類のレンタル＆リース、福祉用具貸与事業、介護用品の販売、介護リフォーム、通所介護事業）
従業員数	66 名
所 在 地	福岡県春日市昇町 3 丁目 164 番地
経営理念	和の精神、愛の精神、誠の精神

創業の地は福岡市薬院　貸し布団屋から出発

当社の創業は１９５３年。戦前に満州で呉服屋をやっていた創業者が戦後引き揚げて来て、薬院で「まるや」という貸し布団屋を始めたのが始まりです。現在は福岡県春日市に本社を置き、布団のレンタルとメンテナンス、介護用品のレンタル、介護事業などを展開しています。３代目までは同族経営でした。私は同族ではありませんが、引き継いで４代目の社長を務めています。

創業家以外からの最初の社長　入社して15年で社長に

私は工業高校を卒業した後うまく仕事が続かなくて、20歳の年に入社しました。１９９８年、23年前ですね。以来、がむしゃらにやってきました。

入社した時に衝撃的だったのは、ライフプラン設計という自分の人生を考える１日がかりの研修を受けたことです。現会長がまだ専務の頃でした。私は手を上げて質問したのです。「この会社で社長になるチャンスはありますか」と。そしたら「チャンスはだれにでもあるよ、人それぞれの頑張り次第だね」と答えてくださいました。その言葉が印象に残り、頑張ろうと思いました。本当に何も考えてなかったのですが、何歳で結婚して、子どもはこれぐらい、支店長になって、部長になって、そして35歳で社長になると書きました。

実際は35歳で常務になり、1年後に専務になり、39歳で社長になって、代替わりをさせていただきました。

新たに始めた介護事業が復活を支えた

正直に申しますが、私が入った当時はとんでもなくひどい会社でした。入社して3年目には、債務超過になっていました。その時に信金さんとの出合いがありまして、信金さんの企業支援室の第1号に認定されました。我が社が今あるのは、本当に信金さんとの出合いのおかげだと思います。

私の最初の勤務は北九州支店で、布団の配達と営業を担当しました。5年目に福岡の本社に移り、新規事業の介護事業を担当しました。当社が介護事業に取り組んだのは、介護保険制度の法改正が施行された2005年です。やめたほうがいいよとか、今後は儲けがないよとか、大反対されながらのスタートでした。実際、お客様を回っても全く注文が取れませんでした。営業には自信があったのですが、どこへ行っても相手にされず、木っ端微塵にされるような状態でした。

すでに市場ができ上っていたので、新規参入は大変でした。レンタルの営業先は、ケアマネージャーです。この方にはベッドが必要です、このお宅には手すりが必要です、というケアプランを作るケアマネージャーがお客様なのです。ケアマネージャーに会いに行っても、もう決まっているところがあるからと言われてしまいます。そうなると、取り付く島がありませんでした。ただ、この年の法改正で、それまではいわゆる老人ホームへの営業は社会福祉法人しかできなかったのが、一般の営利企業も参入できるようになりました。当社は、社会福祉法人に対する寝具のレンタルリースをやっていたので、そこを伸ばすことにしました。ここでお客様が広がりました。

この業界自体に既得権益が色々とあり、営業をかけただけでバッシングを受けることもありました。しかし、普通の営利法人同士になればコンペになりますし、サービスの優位性の提案を見ていただけるようになります。提案型の営業ができるようになり、これが非常にはまりまして、多くの介護施設さんとお仕事をさせていただけるようになりました。

大事にしているのは、モノを売ることよりも貸すこと

当社の売上は、在宅介護事業と布団のレンタルが半々で、在宅介護事業の中ではレンタルが7割を占めています。これからの成長分野は、この在宅介護事業です。高齢化社会にどんどん向かっていますから、市場自体がまだまだ伸びます。元気なアクティブシニアと言われる方も、どこかでこの介護の入り口をくぐることになります。その時、最初にサービスを受けるのが在宅介護です。ヘルパーさんに来てもらったり、デイサービスに通ったり、今まで床に布団を敷いて寝ていたのをベッドに変えて、離床をやりやすくしたりします。在宅介護はこのような事業なので、これから先、市場はまだまだ膨らみます。

商売は物売りじゃないよ、と先代は言います。物売りは売ったら終わりですが、当社が大事にしているのは、物を売ることよりも貸すこと。貸して長くメンテナンスすることです。商品のライフタイムが重要なのです。売ったら終わりですが、貸したら長続きします。お客様とのお付き合いの継続が、価値を生むのです。

社員にやめることのリストを出させた

生産性の向上が最大の課題です。社長に就任した時に、私は残業を廃止しました。有給休暇の取得が義務化される前に、早めに対応すべきと考えたのです。

社長に就任した時に､私は社員に｢やめることのリストを作ってほしい｣と言いました。「現場レベルで、面倒くさいことは何でも書いてよ」とか「これ無駄ということがあったら教えてほしい」と話して、「やめることリスト」を全員に配り、なんでもいいから書いてくれと頼みました。すると、「遠くの配達をやめたい」「伝票を2枚も3枚も書くのは面倒くさい」といった意見が出てきました。それへの私の返答は「やめていいよ」。社員が「本当にやめていいのですか」と驚いて確認するぐらい、いろんなことをやめていきました。やめることによって、夜の8時9時まで残業をやっていたのが、6時の定時に帰れるようになりました。これは大きな業務改善となりました。

介護の世界は､サービス残業が多いのです。「あなたのサービスが行き届かなかったら、このおじいちゃん、おばあちゃんはどうなると思うのですか」と言われると「どこまでもやってあげなきゃ」という気持ちになる。でも、そういう気持ちになったら、いけないのです。仕事がきつくて、賃金が安くて、ボランティア的なものという介護のイメージがまだまだ強いわけです。そこを変えて行かなくちゃいけません。

業界一休みが多い会社

我が社は今、業界一休みが多い会社になりました。週休2日制で年間124日ぐらいは休日があります。お客様からも、丸屋さんは休みが多いねと言われます。社員も実感しています。同業他社から我が社に来た人は面接で、前の会社の終業時間は午後10時頃でしたと言います。そしたら私は、我が社では同じ仕事をやっていても、大体6時には帰れますよと言い返します。するとその人は「ありえませんよ。一生懸命やって10時、11時までかかっていました」と言います。私は、「働いて確かめてみてね。私は嘘は言わないよ」と話します。それから、もうひとつ私が決めているルールがあります。それは「出産に立ち会わない人は、クビにする」ということ。出産に立ち会える雰囲気を作りましょうとみんなに言っています。私も娘が3人いますが、3回とも立ち会わせてもらいました。当時の上司には、出産ごときで職場から離れるなと言われました。しかし、もう会社一辺倒の時代ではありません。社員には、家庭も大事にしてほしいと思います。

レンタル事業は最安値で、介護事業は速さで

5年前から、お客様が思う当社の企業イメージと、当社の戦略を一致させていくことを追求してきました。私は、業界最安値でいこうと決めています。「丸屋さん、安いもんね」という評価をいただく戦略をこの5年間やってきました。

でも、ただ値下げするだけなら売上が減り、利益が減るだけです。じゃあ、どこでそれ

を補うかと言ったら、作業時間の削減です。介護施設は日々、コストダウンを考えています。箱ものですから、100人収容なら100人分掛ける1人当たりの売上しかないわけで、売上の天井は決まっているわけです。何とかして経費を下げたいということになります。そこで当社は、「うちは安くできますよ」と提案します。ただし、条件を付けます。「現在は、1階から4階まで全階にリネンを届けていますが、1階当たり1時間半かかっています。安くする代わりに、1階の1か所だけで、全館のリネンの回収と納品をさせてもらえませんか」と。そしたら、1回15分で終わります。これを時給計算すると、もう全然違います。これで、お客様は安いと感じます。その代わり、業務の改革を一緒にしましょうということを共有していただきます。当社だけでは改革は進まないからです。

介護事業の料金設定は、1割は個人の自己負担、9割は国の助成です。ベッド1台を七千円で貸したとして、個人負担は700円。利用者さんは、高い安いという感覚をそんなに持ちません。だから、ここで価格勝負をしてもあまり響きません。何が響くかと言えば、それはスピードです。在宅介護が現実になると、どなたもあたふたされます。「うちのおばあちゃんは明日家に帰って来るけど、ベッドも、手すりも、トイレも何もない。どうしよう」ということになるのです。その時に大事なのは、スピードなのです。だから、丸屋さんは速いよね、と言われるようにやろう、という戦略をずっと進めてきました。

介護点数の計算、集計、請求、支払いなどの作業のデジタル化を目指す

これからのことですが、まずは10億円の売上が目標です。現状の売上は年間7億円、私が引き継いだ時は4億円でした。この3年間で3億円近くは伸ばせましたが、コロナのために営業のあり方や人とのコミュニケーションの取り方自体が変わってしまいました。訪問営業ができませんから、電話でアプローチできない新規の営業はやはり厳しいです。

そこで考えているのは、介護のデジタル化です。介護は、国のお金が9割入っています。介護の報酬の計算や請求の伝票をチェックする事務は大変です。ケアマネージャーが、それぞれの事業所が介護点数で何点分利用している、ということを記録していくわけです。それに基づき、介護マネージャーさんに点数分を請求します。それらを照合して、一致しないと入金されません。この作業のデジタル化を、全国の仲間と仕掛けていこうと考えています。介護事業は市町村単位で行われているので、国の事業でありながら市町村に丸投げ状態です。ですから、市町村毎にものすごく温度差があります。その上、市町村はデジ

タル化が遅れています。ここがデジタル化できると、効率がすごくよくなります。

事務員の時間を奪っているものがあります。電話です。どこからの電話が多いかと調べたら、なんと自社のスタッフからです。お客様ではないのです。「ごめん、ごめん。明日訪問するこのおじいちゃんのお名前、何でしたっけ」みたいな質問ばかりです。これに事務員はあたふたと対応しなければなりません。事務員が足りない、電話が足りない、となります。こんな非効率なことはありません。データベースを調えて、全員にタブレットを持たせて、銘々が自分で検索したら電話は減るのです。

デジタル化への対応ができるかどうか。これが勝負を決めると思います。私は43歳のおっさんですが、社内ＤＸ化に向けてリーダーシップを発揮し全スタッフで取り組んでいます。

歩行訓練特化型のデイサービス事業の開始

昨年の2月に、通所介護の歩行訓練特化型デイサービスを開始しました。筋力の低下から老化が進むので、歩くことが非常に重要なのです。当社の利用者さんの事例ですが、オムツを着け布団で寝たきりで起き上がることもできないという方に介護用のベッドを入れると、背上げ機能で背を上げることで、足を自分で床に落とすことができるようになりました。さらに手すりを持って「よいしょ」と立てるようになり、トイレまでの導線に手すりを付けて環境整備をすると、歩けるようになります。寝たきりだった人の要介護度が改善するのです。こういうデイサービスを全国でフランチャイズ展開している、コンパスウォークという会社が埼玉県大宮市にあります。送迎して日帰りで通ってもらい、歩行訓練を中心に支援します。マンツーマンで付きっきりで個人指導しています。今までのリハビリ型のデイサービスとは、そこが大きく違います。

当社は、昨年の2月に提携しました。コロナのために営業開始が昨年6月になり、計画より4か月遅れました。これまで順風満帆で来ましたが、ここで今一度、経営の在り方とやり方を考えるタイミングだったのかな、と前向きに考えています。マンツーマンの付きっきりの指導で、筋力をつけ、歩けるようにして、トイレにも自力で行ける、元気な老人を増やすこと。それを実現したいのです。

ココに注目！

株式会社丸屋は、布団のレンタルから介護用品のレンタルへ、そして介護事業へと短期間に事業の比重を変え、成長してきた。モノを「売る」よりも「貸す」を大事にすることは、顧客との関係を切らないで保ち続けることである。それは、デイサービス事業でも生かされているはずだ。

残業を廃止し、業界一休みが多い。やめるべき仕事を社員に提案させ、無駄な仕事をやめることにした。出産の立ち会いを奨励する。これらは今流行りの働き方改革のテーマだが、それをすでに実現しているのはすごいことだ。

そしてこれから、全国の仲間と業界全体のデジタル化を仕掛けようとしている。これができれば、介護業界全体の効率化が進む。丸屋は最安値で勝負する代わりに、お客様にも業務改革を求める。自社だけがデジタル化しても、効果がない分野があることを見抜いているのがすばらしい。

さらに、このコロナ禍で新事業をスタートさせている。介護の目的は、モノを売ったり貸したりすることではなく、元気な老人を増やすことであり、そのためには老人の筋力をつけ、歩く力を増やすべきだと明確に語る。そして、それを実現するために、マンツーマンの個人指導でサービスを開始しているのだという。将来的には自分もこのサービスを受けてみたいと思った。

ポイントまとめ　**時代にあわせて事業も働き方も柔軟に変化**

1. 事業部門の比重を上手に変えてきた。
2. 残業を廃止するなど働き方改革を実践し、業界一休みが多い企業となる。
3. 業界全体のデジタル化への取り組み。
4. 歩行訓練特化型のデイサービス事業という新事業に着手。

7 丸久鋼材株式会社

代表取締役社長　待鳥 寿

目指すはお客様から必要とされる鋼材屋
硬くて重い鉄の会社を支える、
明るくて軽快な女性たち

創　業	1966 年 2 月 15 日
事業内容	一般建築用鋼材・鋼板の卸売及び加工
従業員数	105 名
所在地	福岡県久留米市太郎原町 1498-1
経営理念	物づくり・人づくり

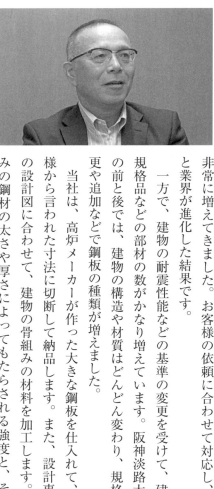

お客様のニーズに合わせて鉄骨建材をオーダーメイド加工

当社は、創業55年。鉄板を切って販売するところからスタートした会社です。その後、鋼材という建築資材の加工をするようになり、お客様のニーズに合わせて鋼材を切ったり、穴を開けたりという、鋼材の加工全般をやるようになりました。さらに現在は、溶接までやっています。溶接の職人さんが非常に少なくなってきていることが背景にあります。職人さんの減少や技術の進歩により、この10年ぐらいはロボットによる溶接の需要が非常に増えてきました。お客様の依頼に合わせて対応し、機械と業界が進化した結果です。

一方で、建物の耐震性能などの基準の変更を受けて、建築の規格品などの部材の数がかなり増えています。阪神淡路大震災の前と後では、建物の構造や材質はどんどん変わり、規格の変更や追加などで鋼板の種類が増えました。

当社は、高炉メーカーが作った大きな鋼板を仕入れて、お客様から言われた寸法に切断して納品します。また、設計事務所の設計図に合わせて、建物の骨組みの材料を加工します。骨組みの鋼材の太さや厚さによってもたらされる強度と、それによって仕切られる空間の広さとは、反比例の関係にあります。空間を広くしようとすれば、相対的に柱の太さや壁の厚さを小さくしなければなりません。こういう調整を鋼材の加工で行うわけです。当社にご注文くだされば、それに合わせて加工します。そして、それを建築現場で使う鋼材の加工や組み立てを専門に行う鉄骨加工業者、いわゆるファブリケーターに納品するのです。

電話受付担当の女性社員もお客様を訪問

当社の仕事は、高炉メーカーが作った鋼板を仕入れてお客様の要望に合わせて加工することですが、同業者はこの福岡県南部の筑後地区だけでも7社もあります。その中で、当社はお客様に選ばれる会社になろうと考えてきました。鋼板は高炉メーカーから仕入れ、加工する機械は機械メーカーの汎用品ということになると、どこで競争するのか、ということになりますが、営業が重要です。中でも、発注や問い合わせでお客様との接点になる、電話対応が特に重要と考えています。

お客様が当社の事務所に電話される時に、最初の対応が良ければ、繰り返し電話していただけます。明るい声で対応されると、気持ちがよいですよね。鋼材の仕事ですから、発注の電話をかけてくるのはほぼ全員が男性です。私自身、やっぱり対応のいい女の子に電話を受けてもらいたいと思いますので、お客様もそうかなと思います。

当社では、電話を受けた女性が、電話で話したお客様の会社に営業担当と一緒に訪問することにしています。そうすると互いに親近感が湧きますし、お互いに相手の顔を見て話をした結果、次に電話を受ける時にプラスになるようです。

今日、当社に入られた時、受付が立ってご挨拶したと思いますが、会社が指示をしたわけではないのです。受付の女性を連れてお客様の会社を訪問した時に、その会社がそういう対応をされていたのを見て、自分たちもそれを取り入れようと話し合って自発的に始めたことです。最初にそれを始めた人は退社されましたが、今も続いているのです。

梱包でも他社と差別化

当社は、製品の仕上げと梱包にも力を入れています。仕上げと梱包は、激しい競争の中での差別化のポイントです。鋼材の加工は機械がやりますから、同じ機械を入れていれば差は出ません。では、何で差別化できるかと言えば、製品をきれいに仕上げて、きれいに梱包することです。梱包はすぐに解かれますが、きれいに梱包してあると、製品を受け取った時の印象が違います。梱包を開いて初めて製品を見た時に、製品がきちんと重ねて並べられ、一つひとつがきれいに磨かれ、そのまま組み立てられるという状態になっていれば、

「お、やるね！」と思っていただけます。当初は気をつけるようにと言っていましたが、今では私が何も言わなくても気をつけてきれいに梱包するようになりました。

機械の進歩と、人と、データ

せっかく機械を入れるのだったら、2人で行っていた作業が1人でできるようになる機械や、夜間でも自動で動かせる機械などに入れ替えていきたいと考えています。お客様の要望に対応するためには、より効率のよい機械に替えていく必要があります。

もちろん、機械を導入すればそれで済むわけではありません。夜間に自動で稼働する機械は、それを動かすためのデータを事前に作っておく必要があります。当社が6年前に導入したレーザー切断機は、1枚切り終わると次のパレットが動いて、10段分のパレットを事前にセットしておくと夜間もずっと自動で動きます。しかし、夜間運転のデータを作る担当者が必要なため、人を補充しました。

そのレーザーの機械を最初に入れた時に、面白いことに気がつきました。最初は、その機械を担当するのは熟練のベテランがよいと思いました。でも、操作は全部タッチパネルでできるのです。30年のベテランがやろうが1年目の社員がやろうが、製品は同じようにできます。すると、給料の安い1年目の子に担当してもらった方がよいということになります。ですから、8年前までは社員募集は工業高校だけに出していましたが、今は商業科とか普通科の高校にも出しています。賢く働ける子どもなら、工業高校卒でも大学卒でも全く関係ないです。同じ機械を使えば同じ品物ができますから。

当社の工場の中では、30歳の女性社員が働いています。最初は営業のサポートや事務所への配属を考えたのですが、本人が工場の現場で働きたいと言ったのです。現場を見せてこんなに大変なところだよと言ったのですが、それでも現場で働きたいと言うので現場に配属しました。現場はものすごく暑いですから、大丈夫かな、4月に入社して夏を越せるかな、と思いました。けれども夏を乗り越えて、今でも続いています。鉄というと重たいですが、手でかつぐわけではないですからね。女性でも働けることが分かりました。今後は女性が工場の現場でもっと働けるような会社にしていきたいなと思っています。

実は、女性が現場で働くことで一番期待していたのは、男の社員たちがぼさっとしとったらいかんな、と思うようになることでした。当時、彼女が配属されたことで、周りの男性陣がちょっと明るくなったそうです。それは絶対あるでしょうね。男性陣も、女性には負けたくないという気持ちがあるので、刺激されて自然とよい効果があるかなと思っています。今は工場の女性は1人だけですが、2人3人と増えたらよいと思っています。

女性をもっと起用したいのは、優秀な女性社員の仕事ぶりに感心したのがきっかけです。実は、当社はベトナムのハノイに駐在員事務所を開設したことがありました。なぜハノイ事務所だったかと言いますと、ベトナム人実習生が非常に勤勉だったからです。ベトナムに面接に行った時も、前向きに働きたいという彼らの気持ちがひしひしと伝わってき

ました。一方では、新しいデジタルの工作機械が増えるにつれ、そういう機械を動かすためのデータ作りの仕事が増えて、残業が増えたのです。国から労働時間を削減するように、と言われておりました。そこで、ベトナムに事務所を作って、現地の人を雇って仕事をしてもらおうということになったのです。

データのやり取りもできてうまくいっていたのですが、駐在員事務所は商売をしたらダメだということが分かり、そういうグレーな状態で仕事をさせるのはよくないと判断して、私が閉鎖しました。所長を務めていたのは、久留米本社のＣＡＤ室で仕事をしていた女性です。彼女は帰国してから、どうすれば一

番よいのかを考え、ＣＡＤの仕事の働き方や無駄なことなどの整理をしてくれました。結局、久留米のＣＡＤ室に新しく人を入れて日本だけで対応できるようにしました。彼女は、今年取締役になりました。当社では初めての女性の取締役です。

当社の強みと未来　新工場を北野町に建設

全てのお客様に対応しようとすること、そして、実際に対応できること、これが当社の一番の強みだと思います。

未来について言いますと、新しい工場を同じ久留米市内の北野町というところに建設しました。これは信金さんの融資を使わせていただきました。本社工場があるこの地域は市街化調整区域で、もう工場や社屋などは建てられないのです。そんな時に今の土地を見つけ、当時の信金理事長さんにお話ししたところ、紹介していただけたのです。この工場では、溶接をしています。今、溶接の職人さんがどんどん減っています。お客様の会社で溶接の職人さんが減って困っていたり、当社を応援してくれていた鉄工所さんが跡継ぎがいないので廃業されたり、こういうケースがかなり増えています。当社で応援できることはないだろうかと考えまして、それ

で溶接の工場を建てたのです。お客様も、当社にならない「溶接で間に合わん部分を応援してくれんか」と言いやすいだろうなと思いましたので。２０２０年の4月から稼働しており、ありがたいことに、すでにいろいろな仕事をさせていただいています。溶接ロボットも１台導入して、従業員にも溶接の資格を取らせています。建築資材はいろいろなパーツがありますので、手がかかって大変な部分を当社が請け負うようにしています。全部はちょっとできませんので。

建築・建設関係では、工場の大臣認定というのがあります。しかし、当社はまだ大臣認定の資格を持っていません。仕事を出してもらっても、認定工場ではないので受けられない場合もありますから、一応３年後には認定工場になろう、ということを社員には話しています。認定を取れば、お客様とより深くお付き合いができるようにもなりますから。

久留米工場、唐津工場、北野工場は、丸久鋼材の3本の矢

当社の業績は、昨年と一昨年の売上高が72億円強でした。しかし、72億円と言っても鉄の値段が高くなって売上高が上がっただけだと私は思っています。これでは、鉄の相場が下がったらすぐに50億とかになってしまいます。50億円になっても利益を残すには、やはり付加価値を高めていくしかないです。売上高を追うのではなくて、中身が大事なのです。

北野工場で加工をするとなると、材料は当社から出て行くので、材料も動きます。１つでは無理だけど、３つが支え合い補い合っていけるようになればいいな、と思っています。3本の矢ですね。１＋１＋１を3よりも大きくするのが理想です。それを実現するためには、３つの職場の社員の交流や親交が豊かに深まらないといけません。

年に2回、社員全員と面談をしてコミュニケーションを深める

社員とのコミュニケーションの深化のために、年に2回、社員全員と面談をしています。年2回ボーナスを渡すのですが、ボーナスの明細を渡すときに、全員と個人面談します。1回のボーナスで久留米の65人と唐津の40人。久留米は人数が多いので2日かけて、唐津は1日で、ということで朝7時からやります。これ、めちゃくちゃ疲れます。これを年に2回です。

そうして社員の話を聞く中で、職場環境が改善された事例もあります。直近ですと、唐津営業所の事務所と工場それぞれにトイレがあるとよいというのでトイレを増やしたり、曇りとか雨の日に伝票が見にくいというので、照明をＬＥＤに変えたりしました。言われたことに対して少しでも何かやろうとすることで、きちんと言えば会社が応えてくれるのだ、という理解が広がるのは意義がありますね。

社員との個人面談で良い話を聞けることもあります。我々中小企業は、有給休暇を取りにくい雰囲気がずっとありました。私が社長になって、リフレッシュ休暇とか誕生日休暇という名目にして取りやすくしましょうという提案があり、まずそれを始めたのです。何年か続けたら、面談の時に「有給休暇の申請が非常にしやすくなりました」と言ってくれた社員がいました。よかったな、と思いました。

まだまだ小さな会社でいろいろ課題はありますが、新工場もできましたし、少しずつではありますが、成長していると感じますので、粘り強くやっていきます。

〔ココに注目！〕

顧客満足度を高めることの重要性を、社員みんなが理解している。鋼材という硬くて重い素材をお客の要望に応じて自在に切り分け、折り曲げ、穴を開けて、さらには溶接して、建築現場ですぐに使える鋼材として納品する。そのことに誇りを持って仕事をしていることが感じられる。

硬くて重い鋼材の会社で、女性が活躍しているのがすばらしい。会社の受付や電話の対応をしている女性社員が、営業担当者とともにお客の会社を訪問するというのはなかなかないことだ。

それだけではなく、工場で働いている女子社員がいる。工場は男の仕事場と決めつけずに、女性でも働ける職場にしようとしていることに可能性を感じる。男の社員だって、重い鉄材を素手で担いでいるわけではないのだから、女性も現場で活躍できるはずだ。また、機械が人間の弱いところを補ってくれるとしたら、雇用の幅が広がる。女性の取締役を作ったことも併せて、古い考えにとらわれず、新しい人材を取り入れていく会社の姿勢をとても魅力的だと感じた。

お客の注文を久留米からハノイに送り、ベトナム人がCADデータを作成し久留米に送信する。そういうサプライチェーンが短期間でもできたこと、そして、その経験を活かして本社のCAD室を整備したことは、丸久鋼材の将来の国際化にもプラスをもたらすと思われる。

ポイントまとめ

お客様から必要とされる、柔軟で軽やかな鋼材屋

1. 顧客のニーズに合わせた鋼材のオーダーメイド加工。
2. 受付や電話対応、電話を受けた女性も企業訪問をするなど、営業面にも力を入れる。
3. 現場へも女性を配属、取締役にも女性を登用。人材活用の可能性を広げる。
4. 溶接の新工場を建設。さらなる顧客のニーズへ対応する。
5. 3つの工場の連携でより深く顧客と付き合い、必要とされる会社へ。

8 株式会社 谷田建設

代表取締役会長　谷田政行

「捨てるから創るへ」廃棄物を資源として活かし「捨てるものは全て扱う企業」を目指す

創　業	1973 年
事業内容	産業廃棄物処理業、クレーン作業、解体工事業
従業員数	38 名
所在地	佐賀県佐賀市大和町大字久留間 3180-4
経営理念	価値あるすこやかさの創造

創業者は、佐賀で初めて重機を使って仕事をした男

土木現場で働く、ショベルが付いたユンボというフランス生まれの重機があります。このユンボの前にポクレンという重機がありました。このポクレンを佐賀で最初に操縦したのが、当社の創業者、私の父でした。父は「技術を身に付けんばいかん」というのが口癖で、日本に重機というものがなかった時代に重機の操縦技術を独学で覚えて独立したのです。

乗り始めたのは、昭和30年代後半と思います。佐賀は農業用水が多く、水路を造る工事が多かったのです。当時は、人間がスコップで土を掘っていました。スコップで掘ったら何十人もかかる作業を、父は機械ひとつでやりましたから、会社は相当儲けたそうです。父はとても重宝されました。

父が重機を買って、独立する夢を見たのが昭和48年。私が中学2年の時です。最初の重機を購入した時は私も立ち会いました。価格は815万円でした。しかし、その後が大変でした。機械が納品された翌月に、オイルショックが起きたのです。高価な機械を買って、今から仕事するぞとなった時に燃料がない。なのに、月々の支払いは来るという非常事態。その時、父は眠れなかったろうなと思います。開業して1年以内が最も倒産が多いと言われ

ますが、よく乗り越えたと思います。その思いは、私の経営の大事な基礎になっています。

当社は、元々は農業土木の会社でした。分散した水田を集約し大規模化するニーズがあり、そういう仕事を引き受けていました。しかし、全部の水田の大規模化が終わったら、自分たちの仕事はなくなってしまうのではないかという不安がありました。そこで、仕事の内容を少しずつ変えていきました。その結果、谷田という会社を残せたと思います。水田の整理統合の全盛期に仕事をしていた業者さんは、今はほとんど残っていません。

平成元年に社名を谷田建設に変えました。前身の谷田重機の時は、先代社長と私と弟の3人でやっていたのですが、谷田建設は兄弟2人で経営するようになりました。この会社をどのように残していくかと考えた時に、弟は公共工事の元請け業者になる道を選んだのです。私はリサイクルとか廃棄物の時代が来ると考えて、産業廃棄物の仕事に取り組むようになりました。建設会社は弟がやり、私は廃棄物をやるという形ですみ分けて、同じ会社の中で、2つの部門でやっていこうということにしたのです。

その後、公共工事自体が非常に少なくなり、建設の仕事はうまくいかなくなりました。それからは、私が産廃の方向で会社を動かしてきました。

同級生からの要請で建築現場のゴミ問題に気付く

私は高校の建築科を卒業しました。ある日、同級生から、建築現場で出るゴミを何とかしてもらえないかという話が舞い込みました。それで、建築現場のゴミの問題に気が付きました。平成元年に産廃の許可を取ることにして、産業廃棄物を運ぶ仕事から廃棄物事業に入ったのです。当社の第2の創業です。

その頃、水田の整理統合がどんどん進み現場が少なくなっていたので、将来にわたって継続的にできる仕事が必要だと真剣に考えていました。ゴミというのは1年中出て途切れません。そして、危険、汚い、キツイの3Kでみんなが嫌がります。1年中あるのにみんなが嫌がる。そういうところにこそ、チャンスがあります。建築の現場では必ず廃棄物が出て、しかも量が多い。それを引き取って解決することがビジネスになりました。

元々廃棄物を運ぶ運搬の許可を取るところからスタートしたのですが、お客様の建設会社から、運ぶだけじゃなくて、処理もしてほしいと頼まれるようになりました。廃棄物の処理は法律が非常に厳しい仕事でもありますので、適正にやろうとすると人手がかかります。建設の仕事と廃棄物の処理の両立はなかなか難しいのです。そこで、専門の業者に任せたいということになります。こういう経緯で、運ぶだけの仕事から処理する仕事に変わっていきました。ゴミは燃やして埋めるというのが一般的な処理だったのですが、時代が変わっていくにつれて、ゴミを活かそう、活かして再生しようという意識に変わり、事業の価値が変わっていきました。当社でもゴミを活かすことに重きを置くようになりました。

ルールの変わりめがビジネスチャンス

平成11年に、建築材の石膏ボードの処理のルールが厳しくなりました。石膏ボードの埋め方によっては、硫化水素が発生し人命に影響があるのです。

ルールの変わりめがビジネスチャンスです。そこで、石膏ボードから土壌改良剤を作ることに取り組み、特許を取って商品化しました。当社の石膏と他の建材を混ぜて、土壌をふかふかにする土壌改良材として活用されています。カルシウムを含んでいるので、植物の恵みとなります。

屋根瓦も再生しています。瓦を破砕してふるい器にかけて、大きさごとにまとめて瓦チップとして販売しています。大きさごとに用途が違うのですが、大変好評で在庫切れになるほどです。透水性にも保水性にも優れているので、家庭のガーデニングで重宝されています。

谷田に頼めば、捨てられていたものが新商品になる、捨てられていたものをリサイクルして再活用できる、そういう会社になりたいと思っています。「捨てるから作るへ」という活動を推進して、捨てていたものを新しい価値あるものに作り変えていきます。

廃棄物は混ぜればゴミ、分ければ資源

私たちは廃棄物こそ宝の山だと思っています。活かし方を工夫すれば、どんなものでも活かすことができます。取り扱う人間の姿勢によって、資源化できるものがもう使いようがないものに、つまりゴミに変わってしまうのです。ビジネスというよりも、これから先の子どもたちの世界を考えた時に、大人としてはゴミを分ける、選別する、そこが一番の基本で、私たちが伝えていかなければならないことだと思っています。

ゴミを分けるのは面倒くさい、全部まとめて持っていってくれ、と言われるお客様もいらっしゃいます。お客様ですからそれを批判するわけにいきませんが、「金は払うから持っていってくれ」ではなく、「分けておくから持っていってくれ」ということなら、ゴミではなくて資源になるのです。

我が社が目指すのは、我が社に任せれば、ゴミを有益な資源に変えられるということです。そして、地域ぐるみで廃棄物を資源に変えていくような時代を創り出したいと考えて

います。ＳＤＧｓ（持続可能な開発目標）の時代ですから、当社のような中小企業もＳＤＧｓに貢献できることを示したいのです。

佐賀の廃棄物を再利用し、新しい土壌改良剤を開発

佐賀県には農業用水路が張り巡らされており、そのクリークの維持工事の際に水草と浚《しゅん》渫《せつ》土《ど》が出ます。実はこの水草と浚渫土が、埋め立ても焼却もできない厄介ものです。しかし視点を変えると、これは田圃とか畑の栄養の塊なのです。この水草と浚渫土を主原料として、土壌改良剤を作ろうというプロジェクトを進めています。

まず水草と浚渫土、それから放置竹林の竹チップの粉に馬糞。佐賀県には競走馬のセカンドライフの施設があり、そこの馬たちはアマニ油の油カスが入った餌を食べています。水草も放置竹林も馬糞も、そのままでは捨てるしかない不用品ですが、混ぜて完熟させると、とてもよい土壌改良剤になります。

農業用水路の水草は資源なのです。佐賀では不要で厄介者ですが、鹿児島や宮崎に行くと宝物になります。シラス台地や火山灰の痩せた土地を改良するのに使われています。

中小企業家同友会での学びが会社を変えた

平成29年に佐賀県中小企業家同友会に入りました。入会して、いかに個人経営だったかを思い知らされました。それまでは売上高が年間2億円台でしたが、入会した次の年に3億円台まで伸びました。その次の年は4億円台。昨年は、6億4千万円まで売り上げました。売上が伸びたのは、同友会での学びが大きかったからだと思います。

同友会に入る前は、会社というのは自分のものだと思っていました。気に食わないなら辞めていいよ、働く人は何人でもいる、とさえ考えていました。一人よがりの社長でした。

同友会で一番学んだのは、会社は社員さんとともにあるということです。社員さんの喜びがあってこそ、会社も成長できることに気付きました。彼らを道具と思っていた自分は、本当に浅はかでした。それまでは、労働問題は経営者が社員に話すべきことじゃないと思っていました。しかし今は、社員のリーダーの人たちに話すことによって、強い会社に変わっていっていると感じます。その強さが今の業績に繋がっている実感があります。

それから、同友会の会員が様々な事業に懸命に取り組んでいますので、そのネットワークも有益です。同友会には様々な業種の方がいらっしゃいますので、そこでいろいろなことが聞ける連帯感は強みですね。

「捨てるものは全て扱う企業へ」M＆Aで一般廃棄物収集運搬業許可を取得

一口に廃棄物と言いますが、廃棄物には2種類あります。産業廃棄物と一般廃棄物の2種類です。産業廃棄物は、事業活動に伴って生じた廃棄物のうち、燃え殻、汚泥、廃油、廃酸、廃アルカリ、廃プラスチック類その他政令で定める廃棄物です。一方、一般廃棄物は、産業廃棄物以外の廃棄物で、家庭等から排出される一般のごみです。当社は、産業廃棄物収集運搬業許可は持っていますが、一般廃棄物収集運搬業許可は持っていませんでした。というより、一般廃棄物の許可は後からは取れないのです。ですから、一般廃棄物処理事業の許可を持っている会社と連携するしかないのです。

今年は、解体工事業の受注が順調です。個人所有の空き家の解体が多くなっていますが、家の中に残されている残置物は一般廃棄物です。産業廃棄物として取り扱うことは違法なので、捨ててしまうか、一般廃棄物処理業者に処理を頼むしかありません。しかし、一般廃棄物事業者と当社が組めば、空き家の解体事業も家の中の残置物の処理も、当社がワンストップで扱うことができるようになります。

昨年6月に、一般廃棄物収集運搬業許可を持つミドリ環境保全株式会社をM＆Aによりグループ会社化し、当社のグループ会社としたのはこのためです。ミドリ環境保全さんは、創業48年、当社と同じ年に創業された会社です。優秀な会社でしたが、後継者に恵まれなかったのです。しかし、M&Aにより当社のグループ会社となることで、ミドリ環境保全株式会社という名前を残すことができました。M&Aがなかったら、廃業するしかなかったと思います。そうなると、働く人たちは働く場所がなくなってしまいます。価値ある会社を佐賀市に残し、雇用も維持するという意味ではM&Aは今後も絶対必要だと思います。

ミドリ環境保全さんを紹介してくださったのは、佐賀信金さんでした。お話をいただいてすぐに、お願いしますと返事しました。すると、面談希望リストに優先で入れときますねと言っていただいて、いの一番に話をさせていただきました。ありがたかったです。

「捨てるから創る」へ　環境循環型事業への挑戦

当社が一般廃棄物収集運搬業許可を持つミドリ環境保全株式会社をグループ会社化したことで、空き家の解体事業も家の中の残置物の処理も、ワンストップで扱うことができるようになりました。

当社の仕事は、お困りごと相談業と思っています。一般廃棄物を扱えるようになったということは、お客様の困りごとに対して対応できる方法が増えたことを意味します。これまでは、当社では一般廃棄物は扱えません、知り合いの業者を紹介します、と言うしかなかったのが、今では「任せてください。うちでやりますよ」と言うことができるのです。

解体するとなったら谷田が引き受け、空き家の中の一般廃棄物のゴミはミドリ環境保全が片付けます。さらに、土地を活かすために不動産業にも取り組むつもりで準備をしています。谷田、ミドリ、新しい不動産会社の3つが、地域を守るひとつのグループ企業となって進めていきます。どんなグループ企業に変わっていくか、ぜひ見ていただきたいです。

中小企業は連携が重要です。一つひとつが小さいですから。でも、複数の中小企業が組めば大きな仕事も受けられます。私たちの身近な大手資本さんたちでも、合併する、連携するということをされているのです。大企業が合併しているにもかかわらず、私たち中小企業が単独ということでは、太刀打ちできません。中小企業同士が連携する、そして、案件ごとに協業する、そういう形に変わっていって当然ではないかと感じています。

ココに注目！

谷田建設のユニークで面白いところは、建設業という作る業界から廃棄物処理業という捨てるを活かす業界に転換したことだ。谷田政行社長は2代目だから、普通ならば守る方を優先すると思うのだが、敢えて廃棄物処理業を伸ばす道を選んだ。その結果、現在の谷田建設は、廃棄物処理と解体工事、そして不動産業の3つの仕事をワンストップで引き受けられる会社に発展した。

元々は、農地の大規模化、集約化を担当する土木工事会社であった。谷田社長は、農地の大規模化もいつか終わると不安になったという。谷田建設の今日を考えると、この不安がプラスに働いたのは確かだ。その不安をそのままにせず、建設会社以外の道を考えたことが転機となった。谷田建設の場合、弟が現在を守る仕事を進め、兄が未来を創る仕事を探した。ひとつの会社で守りと攻めが同時にできたのだ。同時期に同じ会社に兄弟がいたことは、谷田建設の幸運だった。

時代は大きく変わり、捨てるを活かす時代が来ている。再利用、再生等、「再」がキーワードとなっている。SDGsも追い風だ。捨てるしかなかったものを活かす仕事は、これからますます必要になっていく。そしてそのニーズは、佐賀だけでなく、日本中、世界中にあるのだ。谷田建設には、ぜひこの分野のモデル企業となってほしいと思う。

ポイントまとめ　**廃棄物を資源として活かす、環境循環型事業への挑戦**

1. 建築現場でのゴミに気付き、建設業界から廃棄物処理業へ転換。
2. 廃棄物は混ぜればゴミ、分ければ資源。廃棄物を再利用し、ゴミを資源に変える社会づくりを目指す。
3. M&Aを活用し、後継者のいない企業を子会社化。また、中小企業家同友会での学びから、会社の改善を進める。

9 木下木芸

代表　木下正人

ＪＲ九州のななつ星に採用されて世界が変わった　チーム大川は、職人仕事の働き方改革だ

創　業	1990 年 3 月 3 日
事業内容	組子を生かした建具・インテリアの製造
従業員数	2 名
所在地	福岡県大川市向島 1037-1
経営理念	お客様のことを第一に考えて仕事をする

大川組子がななつ星に採用され、全国の建具屋、組子屋が元気になった

大川組子は、ＪＲ九州の富裕層向けクルーズトレイン「ななつ星in九州」の車内のインテリアとして採用されました。それまでも組子のＰＲをしてきましたが、全く広がりませんでした。組子という言葉もだれも知らなくて。組子ですと言っても「奥さんの名前？」くらいの話で。これ、本当の話なんです。残念なことに、うちの嫁さんはくみこじゃなくてみちこですけど(笑)。デパートなども回ってＰＲしましたが、全く普及しませんでした。

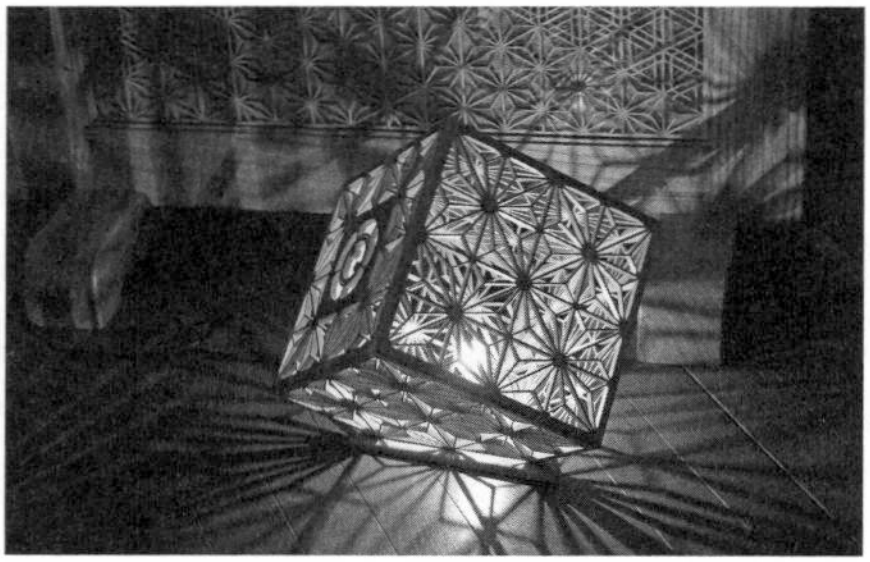

ところが、８年前にデザイナー・水戸岡鋭治先生とのご縁を得て、ななつ星に採用していただいたおかげで、日本全国の組子屋、建具屋が元気になり、おかげさまで組子が日本全国で知られるようになりました。最近のテレビのニュース番組では、どの局の美術セットにも組子の「麻の葉」が必ず入っているように思われるほどです。本当に喜んでいます。

前日光と呼ばれる栃木県鹿沼市にて住み込みで修行

父が大川で建具屋をしていました。私は父の背中しか見てなくて、幼い頃から建具屋になろうと思っていました。中学を出

てすぐに丁稚奉公に行きたかったんですが、高校を出てからと言われ、地元の工業高校を卒業します。それから栃木県の鹿沼市、前日光とも呼ばれる関東の建具の産地ですが、この建具屋に住み込みで丁稚奉公に入れていただきました。

丁稚奉公は徒弟制度で、最初の給料は、1か月1万円でした。それで国民健康保険料を支払い、日曜日のご飯を賄います。でも、自分たちは仕事をしに行っているんじゃなくて、仕事を覚えに行っているんですよね。本当だったら授業料を払わなきゃならないところを、ただで教えてもらっているんです。私たちが親方から習う時、親方の仕事の手は止まります。親方の会社としたらマイナスです。だからとにかく、仕事を覚えるのに必死でした。

ある時、その建具屋に地元の組子屋が組子を持って来ました。その時が、私の組子との初めての出会いでした。鳥肌が立ちました。一体だれが作ったの、神様じゃないのと思うほどの衝撃でした。組子を作りたいと心底思いました。

しかし、建具屋の丁稚奉公の年季が明けないと、組子屋の修行には入れません。ありがたいことに、その組子屋と知り合いになれて、休みの日には遊びに行くようになりました。遊びで行くんですが、掃除なども手伝いました。そうして通ううちに、かわいがっていただくようになりました。建具屋の年季は3年ですが、2年目になった時に「弟子にしてください」と組子の親方にお願いして、丁稚奉公に入れていただきました。休みの日に通うお付き合いの中で、認めてくださったのだと思っています。

組子職人の修行は10年人並と言われます。10年修行して、やっと人並みにできるようになります。でも、修行にはきりがありません。生活のスタイルも変わっていきますし、新しい時代にも対応していかなきゃいけませんから、今も勉強中です。

開業から30年　木下木芸が目指しているもの

大川に戻って、8年間は下請けでした。それから独立して木下木芸を設立したのが30年前です。当時の大川にも組子職人はいましたが、仕事を見せてくれるとか教えてくれるという環境はなかったです。技は全部隠して、同業者が来ると、仕事場を風呂敷でさっと隠すほどでした。私はそれを全部変えてやろうと思っています。当社は全てオープンです。同業者にも全部見せています。技を伝えていかなければいけないと思うからです。

木下木芸の目指すものは、モノを作るだけじゃなくて、お客様が欲しいものをお客様から引き出して、お客様が喜ぶ形に仕立て上げて、気持ちよく購入していただくことです。私がよいと思うものじゃなくて、お客様が欲しいものに私たちが寄って行ってこそ、お客様が喜ぶように作れます。お客様が喜ぶのが一番大事です。つまり、当社の商品は、フルオーダーの注文建具なんです。

大川という町は、木材の集積地であると同時に家具や建具の産地でもあります。1軒だけでは産地にはなりません。集積地だから産地になるんです。木材だけではなく、職人も技術も集積しないと発展しません。ライバルがいることによって競争が生まれ、技術が磨かれます。その結果、きれいなものが早くできるようになります。早くできれば値段も下がります。そこが、集積地の一番の特徴です。大川は日本一の家具の産地として知られていますが、建具も日本一です。ですから、組子も日本一の産地になれれば、大川はもっとよくなると思います。

最近の若い人は、建具と書いてあってもケングと読みます。畳屋はタタミヤさんと言われるけど、建具屋はケングヤさんと呼ばれます。ホントに悲しい。それぐらい知名度が低いんです。だから、建具に興味を持つ若者を作らないとダメです。

そこで、地元の小学校や高校で教えています。高校は工業高校で私の母校ですから、正直ちょっと元気の良い学校で、先生方から今年はちょっと悪いよなどと言われるんですが、実際はいい子たちです。3時間の授業で途中に休み時間を挟みますが、「はい休憩」と言っても手を止めない。モノづくりの好きな子が集まっているのでしょうね。本当に黙々とやっています。それはうれしいことです、ホントに。卒業後、建具屋になったのが10人。中には一級の国家資格を取った子もいます。組子に発展してくれる子が出ることを願っています。

水戸岡先生からの学び

ななつ星から始まった水戸岡先生との仕事は、ある意味、楽です。先生が全てデザインをしてくださいますから。しかし、先生のデザインが１００であれば、それをそのまま作ったのでは当たり前なので、それを１２０に変えるように努力します。そうしないと、ずっと使っていただけないと思っていますので。

先生のデザインをそのまんま作ったのでは、多分、弱いものになっちゃって長続きしないだろうと感じることもあるわけです。そういう時は、材質や強度を工夫します。強度を増すために、デザインの指定よりも少しだけ太めにして、全体のバランスの中でかっこよく見える太さにしてお渡しするようにします。それでいいとなればそれでいいし、何でこれがデザインよりも太いんだと聞かれれば、この太さにしないと成り立ちません、ギリギリこの太さなら成り立ちますと説明します。説明できることが大事なんです。

「36ぷらす3」という新しいD＆S（デザイン＆ストーリー）列車の運行が始まりました。この列車の窓には雪見障子が付いています。以前から、水戸岡先生は列車の窓に雪見障子を付けたいとおっしゃっていました。しかし、列車は常に振動していますから、雪見障子は下がってしまいます。実は「或る列車」にも雪見障子は付いていますが、ピンで留めてあります。先生は、一番上だけピン留めすればよいと言われたんですが、JR九州の唐池会長は、どこでも止められるようにしたいと言われました。それで努力したんですが、「或る列車」ではピン留めはできませんでした。なのに、先生はもう一度雪見障子に挑戦しようとおっしゃったのです。難題でした。しかし、大掛かりなD＆Sトレインに関われる機会はJR九州でも今後ないだろうから、チーム大川でやろうということになりました。

試作を作って、走る列車の中でテストをしました。一番揺れるのは鹿児島〜宮崎間と宮崎〜大分間とのことでしたので、硬さが違う4種類の試作を持って、列車の窓にその試作を取り付けます。テストをしながら、こうすれば下がらないとか、これでやれば下がらないけどそれでも怖いから絶対ここで止まる奴をやろうとか、いろいろ議論しました。やれることは全てやっておかないと、万が一問題が起こった時に、なんでやらなかったのと言われます。実際に運行して、クレームが出たら、それが一番の無駄なんです。クレームがないのが一番良いのです。できること全てをみんなで考えて、最善にしておくべきです。

そういう努力の末に「36ぷらす3」には新しい雪見障子が付きました。すると、先生から「唐池がね、良くできていると誉めていたよ」と言われました。うれしかったですね。唐池会長はいつもなかなか褒めてくださらないから、これを聞いてホッとしました。

ななつ星で水戸岡先生とお付き合いが始まったということは、大川組子にとっても、木下木芸にとっても、本当にターニングポイントになりました。初めてのお付き合いは、どちらかと言えば、ビギナーズラックみたいなところがありますが、2回目、3回目となると、要求がエスカレートしてくるんですよ。これができるならこれもできるよね、ということも増えてきますので。だから、どんどん難しいことにチャレンジするようになります。結果として、さらに進化していくことになります。

チーム大川は、職人世界の働き方改革

チーム大川を創ったのは、木下木芸を設立したときです。私が元請けになってしまうと、一所懸命仕事してくれる建具屋さんは下請けになり、お客様から見えなくなってしまいます。そこで、私が仕事を請けても建具屋さんが仕事を請けても、全員が受注者であり納品者であるチームにしようと考えました。そうすれば、全員がお客様の顔を見られます。自分が下請けをしてきたからこそ、そういう形にしようと思ったのです。

製造業は元請けと下請けという縦の関係が一般的ですが、チーム大川は横の関係です。縦の関係だと、どんなに頑張っていいものを作っても、元請け以外はお客様の顔が見えません。やっぱり自分が関わった仕事は、最後の納品までしたいですよね。そして、お客様が喜ぶ顔を見たいじゃないですか。また、職人がお客様に顔を見せることによって、各人が作ったものに責任を持つようになり、自ずと職人のモチベーションも高まります。

プロフェッショナルが組んで、その中で得意な人が得意なところをやり協業するシステムが、チーム大川なんです。得意な人が得意なことだけを担当して、苦手なことは得意な人に任せて仕事をするわけです。そうすると、良いものができるし、早くできます。これが一番究極の在り方じゃないかなと思っています。現在のチームメンバーは9社です。建具屋さん、彫刻屋さん、塗装屋さんまでいますから、9社で大体のことはカバーできます。全てオーダーメイドです。デザインも全部変えて、毎回オリジナルです。大きい仕事の時はさらにメンバーを加えて手伝ってもらったりもしています。だから、短納期でも間に合うんです。

チーム大川に入れる条件は、思いです。図面どおりに作るの

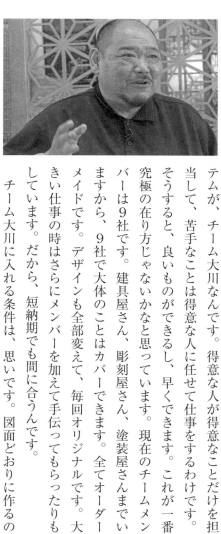

は当たり前なんです。チーム大川は、100を120、150に変えてやろうという思いを一緒に持てる人たちとだけ仕事をします。そうしないと、高いところを目指そうと努力しても、一人でも思いが低い人がいたら、全部低く見られてしまいますから。ひとつの仕事が終わった時は一緒に食事しますが、食事の間、ずっと仕事の話をしているんですよ。今度はあそこはこうしてこうしたいよねえ、とかですね。もう、それが楽しくて（笑）。もちろん、お客様が一番で、どうやってお客様を喜ばせようか、っていうのを考える仲間です。それがチーム大川です。

水戸岡先生と出会って、チーム大川のメンバーは本当に変わりました。これからは、日本だけじゃなくて、海外にも攻めていこうと思っています。水戸岡先生が、組子ハウスという組み立て式の茶室をデザインしてくださったんです。ある時先生に、建具の仕事が減っていますと言ったら「あ、そう」と言われて、次に会ったときに「こんなのを考えたけど」とラフ画をくださったのです。そして、「やる？」と。もちろん、やりますと答えました。

職人で一番重要なのはプライドです。プライドと自信、それがなければ、ななつ星は請けられません。私たちは普段家を作っていますが、ななつ星は列車で、動きます。振動もありますし、意外にも鉄板が薄いのでカーブでは車体がゆがみます。でも、ななつ星は、いまだにメンテナンスも破損も全くないんです。もちろん、クルーの方やお客様が、大事に使ってくださっているおかげでもあります。ホントにうれしいことですね。

〔ココに注目！〕

チーム大川は職人の働き方改革だ。職人の世界では当たり前だった元請けと下請けの縦の関係ではなく、一人ひとりの職人が独立したプロフェッショナルとしてチームを作り、スクラムを組み仕事を請け負う横の関係を目指している。

元請け下請けでは、元請けが受注者であり、仕事は全て元請けの仕事となる。下請けは元請けから受注するが、顧客とは無関係で終わる。下請けの責任は元請けへの納品であって、顧客と会うことはない。納品するのは元請けだけで、元請けだけが顧客の反応を見ることができるのだ。しかし、チーム大川ではメンバー全員が受注者となり、全員が顧客と向き合うので、全員がそれぞれの仕事で顧客に対して責任を負う。顧客は一人ひとりの職人に直接オーダーを伝えられる。納品は全員で行い、全員が顧客の反応を見ることができる。

チーム大川を推進する木下社長が特に強調するのは、職人の思いと顧客の喜ぶ顔が見られることだ。顧客と向き合い、顧客への納品責任を全員が意識すれば、自ずと職人のモチベーションが高くなるのだ。モチベーションが高ければ、仕事の質も高くなる。効果は大きい。

このチーム大川のモデルは、中小企業が多い九州でもっと取り入れられてよい。一社では引き受けられない仕事も、数社が連携すれば引き受けることができる。従来は、仕事の量を引き受けるための計算として考えられていた面があるが、モチベーションのこととして考える視点は重要だ。チームメンバーの人数の足し算だけでなく、掛け算の効果に期待したい。

木下社長によれば、大川組子がななつ星に採用された結果、全国の建具職人や組子職人が元気になったという。人々に知られるということは価値があるのだ。ななつ星は、列車であるだけではなく、メディアでもある。富裕層と、その周辺の顧客にリーチできるメディアとしての機能を持っているのだ。この機能をもっと活用すべきだと思う。

ポイントまとめ　**職人の働き方改革と、デザイナー・メディアとの出会い**

1. 従来の職人世界の働き方を変え、全員が顧客の顔を見られるようなチーム作りを行った。
2. 顧客がほしいものを職人が作るという、フルオーダーの商品制作に取り組む。
3. 著名デザイナー・水戸岡鋭治氏との出会いにより、仕事の可能性が一変。海外進出にも意欲的になる。

10 株式会社 竹嶋繊維

代表取締役社長　竹嶋紀年

老舗メーカーからの縫製を 100%受注
いち早くベトナム人研修生を受け入れ
中小企業の連携で縫製業界の未来を拓く

創　業	1977 年
事業内容	縫製業
従業員数	33 名
所 在 地	福岡県柳川市大和町皿垣開 908-2
経営理念	縁尋機妙（仏教語で、縁が縁を呼んで幸福を招くの意）

大阪の老舗メーカー・福助に入社、独立して福助の外注縫製を100%受注

私は熊本県天草市で生まれ育ちました。中学を卒業し、大阪府立泉佐野工業高校の繊維科に入ります。繊維科がある高校は日本に2校しかなく、そのひとつでした。卒業して、堺市に本社があった足袋の老舗、福助株式会社に入りました。1963年、東京オリンピックの前の年でした。

福助は、労働力が豊富な九州の各地に縫製工場を持っていました。天草市や宮若市にも工場があり、柳川市の三橋町というところにも福助の工場を作ることになりました。そして、私に新工場の技術指導担当として赴任せよと社命が下ったのです。期間は3年間、その後は大阪に戻してやるという約束でした。3年が過ぎた時、私は大阪には帰らずに九州で働き続けたいと申し出ました。すると会社は、「ではあなた、独立したら」と認めてくれたのです。それで、福助から独立させてもらって、株式会社竹嶋繊維を創業しました。1977年、入社して14年、32歳でした。

大変幸運なことに、福助は外注の縫製のインナー部門の仕事は100%竹嶋繊維に発注してくれました。縫製の技術、納期

の厳守などを評価してくれたのだと思います。100％受注というのはすごい数量でした。当社だけでは捌ききれないので、九州各地の同業社にお願いしました。創業して10年頃までは、当社の仕事は全て福助の仕事でした。しかし、その後は他の会社の仕事も少しずつ引き受けるようになりました。

というのも、福助の上司の方が東京や大阪の繊維・服飾業界の大企業を紹介してくれたのです。それで、福助以外の会社の仕事も引き受けるようになりました。大手の一流企業ばかりを次から次へと紹介していただき、ありがたかったですね。仕事には丁寧に取り組みました。紹介してくださった方の顔をつぶすわけにはいきませんから。

売上が3億円を超すとひとりで管理するのは無理なので、3人の息子たちに手伝ってもらうことにしました。ひとりずつ順番に、それまでの仕事を辞めてもらって当社に入ってもらいました。今は次男と三男が一緒に働いてくれています。長男は独立して、他の会社で仕事をしています。

日本の繊維産業の厳しい現状

創業から43年が過ぎましたが、日本の繊維産業の状況はとても厳しいです。中国が出てきたので加工賃が安くなり、仕事はあるのに売上が減少しています。当社は、大手メーカーからの直の発注が多いのですが、大手メーカーがきついと言っているほどです。ですから、当社も大変ですが、当社から受注する下請けはもっと厳しくなっています。

そういう中で、品質や納期、管理へのプレッシャーが非常にきつくなっています。品質面で問題が起きると影響が大きいので、意識して外注を減らすようにしてきました。結果として、売上も落ちるのですが、管理や品質を直接管理できない外注は意図的に減らしました。苦しくなりましたので、2、3年前から売上が上がるように外注を再開しました。一旦外注を整理したあとなので、管理や品質など信用できる会社を選び仕事ができるようになりました。

自社ブランドでの製造販売に挑戦　作るプロに徹することを決める

経営が厳しくなる中で、自分のところで作って自分で売れば利益が上がるじゃないかという声は多く、確かにそうだなとも思いましたので、2010年に、自分たちのブランドで売ることにチャレンジしました。費用をかけて3年間努力しましたが、企画料が高くついて、売上は上がるのに利益が残りませんでした。ファッションの世界は変化が激しいし、マーケットの好みも厳しく、変わりやすいのです。デザイナーでも企画でもプロと付き合ってきましたから、いいものは作れますし、デザインもできます。そのためには相当な投資が要りますが。でも、何千枚、何万枚を売るとなると、当社には無理でした。しんきん合同商談会にも出ましたが、九州域内では当社の主力商品である下着を見に来てくれる会社はありませんでした。それで1回でやめました。金もかかりましたが、いい勉強になりました。売るには売るプロがいます。当社は作るプロに徹することに決めました。

日本企業と合弁でベトナムでの製造に挑戦

現在、当社で働いている従業員は33名で、そのうち18名はベトナム人の研修生です。ベトナム人の研修生は20年ほど前から受け入れていて、徐々に増えてきました。明るいし、しっかり働いてくれていますので、今後も受け入れていきたいと思っています。ベトナム人研修生の受け入れは、九州では当社が一番古いと思います。

一方で当社は、ベトナムにも現地工場を持とうと調査をしてきました。7～8年前から、いろいろと組む相手を探してきました。得意先にも声を掛けますと、ある日本企業がうちと組もう、一緒にやろうと言ってきました。話し合いの結果、2社の合弁事業として、ベトナムに進出しようということになりました。最初から土地を買って、建物を建ててやろうという計画です。副社長をしている3番目の息子をベトナム進出の担当者にしました。

言葉が分からないのでいろいろと苦労もしましたが、ようやく形になってきました。いろいろな経験をしました。実際に進出すると決めて初めて見えてきたものもあります。

しかしながら、当社は、今年の２月に苦渋の決断をしました。ベトナムへの工場進出を断念するという結論を出したのです。理由は３つあります。

⑴利益率の上昇が見えないこと。

モノはどこで作っても、いいものを作ればいいというのはその通りで、当たり前のことです。しかし、実際にベトナムに工場を作ったと言うと、「お宅はベトナムに工場を作られたんですね。工賃が安いでしょう」と言われ、その次に「価格も安くできるでしょう」という話をされます。従業員の給料が安いことを見込んで、発注側が安く作らせようとするのです。そうなると利益率などは改善できません。

⑵本来、日本でできるモノづくりがベトナムに流れてしまっている現実。

さらに考えさせられたのは、当社がやっていた仕事がベトナムに流れていってしまっていることです。日本で作れるはずのモノがベトナムで作られ、その結果日本国内での生産がますます小さくなってしまいます。これで本当にいいのだろうか、と考えてしまいました。

⑶合弁事業の相手に合わせることになり、規模をコントロールできなかったこと。

投資金額は2億円。2社で折半して1億円ずつです。始めてみると、運転資金が相当必要になることが分かりました。合弁の相手は規模が大きく資金も潤沢ですので、運転資金など必要なものはその都度支払うというスタンス。対して当社は、できるだけ小さくしようという考え。ここにギャップがありました。このまま続けると、相手のペースに合わせる形で資金を負担し続けなければなりません。小さく生んで小さく育てるという、当社の望む形にできないことが分かりました。

これらの3点を考慮し、製造拠点をベトナムに持つことは断念しました。ただし、日本でのベトナム人受け入れは続けます。

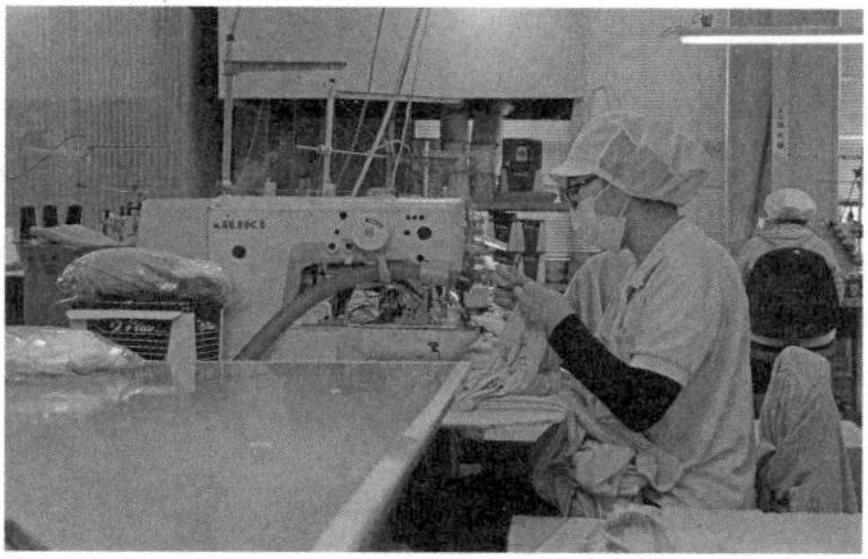

給料はちゃんと支払っていますから、みんな喜んでやってくれています。ベトナム人に日本で働いてもらうことについて、20年以上のノウハウが蓄積できました。よい仕事を作って、しっかり受け入れていこうと考えています。

撤退は2020年2月と決め、ベトナムに行って先方に話をして、2月28日に帰国しました。よい経験をしました。三男の副社長はベトナムに通い、土地の購入、建物の建設、従業員の採用、生産の準備等にずっと関わってきました。たいしたものです。

コロナ対策の医療用ガウン50万着を受注　九州の中小企業と連携して取り組む

ベトナム進出は苦い結論になりましたが、国内ではコロナ禍を受けて、大きなプロジェクトが動いていました。ありがたいことに、医療用のガウンを大量に作る仕事を受注することができたのです。あるところから、医療用のガウンを作ってほしい、国に協力してほしい、という連絡がありました。発注は50万着という規模です。当社だけではできませんので、同業社に声を掛けて手伝ってもらっています。しかし、これだけの量を作るとなると、残業もさせなければなりません。２０２０年から、中小企業にも時間外労働の上限規制が適用されることになりましたので、労働基準監督署に出向き事前に相談しました。

最初は理解していただけませんでしたが、「医療用のガウンが」と言ったら、表情が変わりました。差し障りのない範囲で説明すると、なるほど分かった、無茶なことがあるようだったら、事前にこうして相談してくださいと言われました。課長さんも出て来られて「柳川にもそういう会社があったとは知らなかった。うれしいことですから、がんばってやってください」と喜んでくださいました。

この日の労基署訪問では、３つのよいことがありました。１つ目は、この医療用ガウンの受注と生産について労基署が理解して応援すると言ってくださったこと。２つ目は、労基署の人が柳川に竹嶋繊維ありということを理解したこと。３つ目は、当社が正直な会社だということを労基署が理解したこと。伝えようと思ってもこういうことはなかなか伝わらないですから、すごくよかったと思います。

来年の3月までの仕事は確保できました。当社だけではできないので、九州各地の縫製メーカーに声を掛けました。探してみると、九州の中に縫製業の会社はいっぱいあるのですね。昔からの知り合いというわけじゃないのですが、協力したいと言ってくれる会社がいくつも現れました。新しい出合いがあり、新しい連携が生まれました。

我が社の経営理念は縁尋機妙《えんじんきみょう》です。縁が縁を呼んで、幸福を招くという意味の仏教の言葉です。私に声がかかったご縁が更なるご縁を呼んで、一緒に仕事をする会社が増えたのはまさに縁尋奇妙です。ひとつの会社ができる量は限られていますから、バラバラに東京や大阪の大手企業と競えば、量で負けるのは目に見えています。でも、中小企業が集まりチームを組んでまとまった量を作れるようになれば、面白いことになると思います。

今回、各社をまとめて一度に50万着を引き受けられる実績を作れました。これは、大きな成果です。この経験と実績は、当社の貴重な財産です。

事業連携で開く中小企業の未来

当社は、主に婦人用下着を作ってきました。今回は、畑違いの医療用ガウンを作る仕事

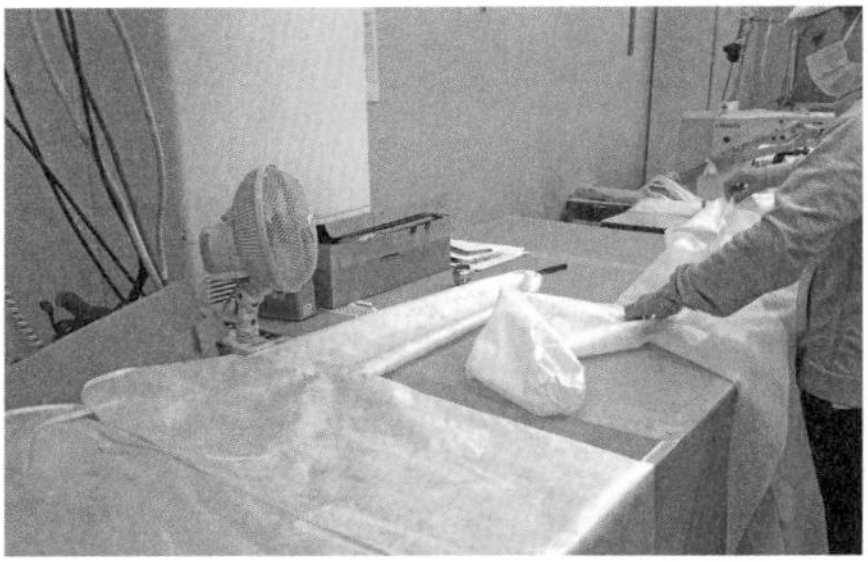

に出合いました。それも一度に50万着を納める仕事です。諦めずに取り組んでみたら、同業者の協力も得られ、労基署の理解も得られ、できてしまいました。

当社は日本を代表する下着メーカーの縫製を引き受けてきましたので、下着の縫製では自信があります。しかし、今回の医療用ガウンの仕事で、当社の縫製能力や縫製工程の管理能力を下着の世界だけに閉じ込めておいてはいけないのではないかと思いました。1社だけで全てを行うのであれば、そもそも50万着の医療用ガウンの縫製という仕事は引き受けられるものではありません。しかし、九州域内の同業社とチームを組むことで可能になりました。

医療の世界の服装や小物を見ると、素材や色や形など、まだまだ工夫ができそうです。当社は生地や糸を調達する力は持っています。今回、医療用のガウンを作る仕事と出合うことで、医療用の品質の生地だって揃えることができると分かりました。もちろん、最先端の生地も揃えられます。そういうものを使って新しい製品を作り、医療の世界で売る仕事ができるような気がしています。下着は一枚一枚の単価が安く、ギリギリの利益を出そ

う と努力しています。一方、医療用の市場は、単価が高く利益率も大きいです。ターゲットも明確です。縫製業者が連携して、新しい市場を開拓できるのではないでしょうか。

私は昨年75歳になりましたので、信金さんとも相談し、後継者を決めました。5年後には、現在代表取締役副社長を務めている三男を代表取締役社長にし、次男を専務にします。私は、医療用ガウンの受注で出合った服飾関連市場で、九州の中小企業が連携して取り組めば面白い仕事ができるのではないかという夢の実現に向け、もう少し努力してみます。

〔ココに注目！〕

竹嶋社長は、すごい挑戦者だ。淡々と、けれんみゼロで話をされるので、そのすごさが伝わりにくいかもしれない。

高卒で大阪の老舗大手メーカー福助に就職し、14年勤めて独立。株式会社竹嶋繊維を創業し、福助のインナー部門の縫製の仕事を全て受注した。竹嶋社長は「幸運なことに」と言っているが、32歳で独立起業したこと自体がすごい。その後も自社ブランドでの販売や、ベトナムでの製造に挑戦している。そして、それらの事業自体はうまくいかなくとも、竹嶋社長はきちんと引き際を見極め「いい勉強になりました。売るには売るプロがいます。当社は作るプロに徹することに決めました」と総括する。冷静沈着に現実を見つめ、すべての経験を無駄にせず次への挑戦の糧としているその姿勢は、やがて医療用ガウン50万着の受注へと実を結ぶのである。

50万着は、中小企業が1社で引き受けられる数量ではない。しかし、諦めずに同業他社との連携で取り組むことを決める。これも挑戦だ。ベトナムの合弁が続いていたら引き受けられなかったかもしれない。これも竹嶋社長が大事にしている縁尋奇妙と言えるだろう。中小企業が1社では引き受けられない数を複数社の連携で受注する取り組みは、もっと実践されてよい。竹嶋社長には、この複数の中小企業の連携をぜひ広めてほしいと思う。

ポイントまとめ　**事業連携で開く中小企業の未来**

1. 蓄積された技術力と、20年前からベトナム人研修生を受け入れてきたノウハウを活かす。
2. 1社だけでは捌ききれない仕事も、中小企業で連携することで取り組む。
3. 中小企業が連携することにより、新しい市場を開拓することも可能となる。
4. 仕事を融通し合うことで、経営が厳しい縫製業界全体を活性化している。

11 株式会社 大和製菓

代表取締役　吉川重光

20円の駄菓子から1000円の商品まで社長自ら始めた直販をきっかけに債務超過から奇跡の再生

創　業	1952年
事業内容	菓子製造販売
従業員数	53人
所在地	長崎県佐世保市大塔町2002-23
経営理念	駄菓子を通じて笑顔をつくる

駄菓子「味カレー」を作り続け、来年創業70周年

長崎県佐世保市で、「味カレー」というスナック菓子を中心にお菓子の製造販売をしています。昭和27年創業で、来年70周年を迎えます。祖父が創業して、父が２代目。私が３代目です。私は、今年社長に就任しました。

創業当時は問屋をしていました。創業から10年経ったときに、「味カレー」という駄菓子を作り、お菓子メーカーと問屋とを兼業でやってきました。おかげさまで、「味カレー」は全国で売られています。

債務超過で問屋を売却

実は、18年前に問屋部門を切り離し、大手企業に売却しました。大手の問屋が地方にも進出してきて競争が激しくなり、当社が創業以来やってきた、地場のスーパーに商品を卸すという仕事が厳しくなっていたのです。

正直な話、ほとんど債務超過状態でした。当時私は仕入れの責任者でした。当時は問屋部門だけでも従業員は１００人近くおり、売上は数十億円ありました。しかし、赤字が続いていました。大量に仕入れる全国問屋との競争になると、大規模な問屋の方が単価を安くできるので、地場ではどうしても勝てません。自分たちの商品なら自分たちで値決め

できると考え、問屋を切り離して製造業だけにしたら生き延びられるかもしれないと社長である父に提案しました。このままだったら倒産してしまうから、問屋業を切り離して製造業を残そう、と。父は、跡取りのお前が決めるのなら反対はしないよ、と言いました。

しかし、製造業単独でも赤字だったのです。問屋をやめれば製造部門だけになるため、人気商品の「味カレー」で儲けは出るだろう、と思っていたので参りました。それまでは私も問屋の仕事ばかりで、製造業の方に足を踏み入れたことがなかったのです。そこで工場の中に入ってみると、想像していたよりも衛生状況がよくない。ちょうど衛生管理などを徹底しなければならない時代になっており、ただ作ればよいという時代は過ぎようとしていました。例えば、大手さんが工場を見に来られた時に、これじゃちょっとプライベートブランドの話は難しいですね、と言われてしまいました。工場内部の環境の改善が必要だと。金もない上に、工場の設備も改善して、さらに売上も上げていくとなると、こりゃあ大変だなぁと思いました。ショックでした。

工場での直売に活路を見いだす

そんな時にテレビか何かで、工場の敷地でお客様に工場の製品を直接売るというのが流行っている、というレポートを見たのです。そこで、弟と一緒に近くの量販店で１万円のテントを買ってきて、直売を始めました。普通に売るよりちょっと割引したり、B級品を販売したりしました。そうしたら、売れたのです。なんと、初日から１日５万円とか10万円とかという売上があったのです。

それから、食品団地でビラを配ったり、近くの住宅街にチラシを配ったりしました。すると、金額は小さいですが、トントン拍子に売れていきました。１日５万円でも、30日やれば１５０万円になるのです。すごい手応えでした。平日は普段の仕事をして、土日祝日はテントを持っていろんなところに行きました。この辺ですと、早岐茶市とか愛宕祭りとか、休みなしでずっと販売をしたのです。すると、驚くことに1年目で黒字化しました。確信があってやったわけではないのです。もしも効果が出なかったら、私も腐ってしまって、もう会社はなかったかもしれません。しかし、たまたまやったことが当たりました。

この直販はとても大きかったです。全体の売上の１割程度の現金収入が確保できたおかげで、私たちも心に余裕ができました。今までは売上を目的に、この値段じゃ儲けが出ないという値段でも出したりしていましたが、そういうことがなくなりました。だから本当に良い効果が出て、残りの9割の方も利益がしっかり取れるようになってきました。1割があるおかげで、9割も生きるようになりました。

それまでは薄利多売でやっていましたが、最近では付加価値が高く、価格も高めの商品の開発に乗り出しています。例えば、地元の問屋さんと組んで地元の醤油を使った煎餅を作ったり、地元のアゴ（トビウオ）を使った煎餅を作ったりしています。そういう商品を、どんどん作れるようになりました。しっかり利益を取れる商品作りができるようになったのです。こういう企画や製造や営業が、少しずつですができるようになりました。

問屋を売却してから18年が経ちました。今はコロナで大変な面もありますが、去年までは順調に右肩上がりで進んできています。現在の年商は4億6千万円ぐらいで、従業員が53人ぐらいです。従業員の確保も昨年まではずっと大変でしたが、今は大丈夫です。面接をすれば、ある程度来ていただけるようになってきました。今年の社員は確保しました。来年、再来年に向けても、すでに人材は確保しています。

１番の売れ筋は「味カレー」

１番人気は、もちろん「味カレー」。その次は「かめせん」。長崎県内最大手の醤油メーカー・チョーコー醤油さんとコラボして、大村にある株式会社フルカワという問屋さんと組み、「チョーコー醤油のかめせん」という商品を開発しました。この商品の単価は２５０円。私たちが今まで売ってきたのは１２０円ぐらいの商品です。２倍以上の単価なのですが、それでも売れています。

私たちは、とてもよい勉強をしています。２５０円の商品が売れるのかなと思っていましたが、これが売れている事実。あご煎餅やうちわえび煎餅も、全部２５０円の価格帯ですが順調に売れています。生産が追い付かないぐらいです。テレビでも紹介されたので、一気に注文が増えました。テレビで取り上げられる効果も学びました。

価格が3倍のお土産に挑戦

最近力を入れているのは、「島姿」というお菓子です。硬めのクッキーに落花生を埋め込んで、九十九島の島影に見立てています。祖父の時代にお土産として売っていた商品で、当時は幅広く売れていたようです。これを復活させて、長崎銘菓にしようと動き始めました。単価は、味カレーの3倍の1個60円。お土産は箱入りで、５個入り３００円、12個入り７２０円、18個入り１０８０円で展開します。付加価値を高め、利益をしっかり取っていくという形でやっていこうと思っています。コロナで出鼻をくじかれましたが、２～３年後にはある程度の形にしたいなと思っています。

この島姿という商品は、祖父の時代にはテレビコマーシャルもやっていましたし、ラッピングバスも走らせていました。当時の商品には島姿本舗と書いてあります。「味カレー」とは切り離したかったというか、別の売り方を意識していたのかもしれません。駄菓子屋というイメージでは売れないと思ったのでしょう。しかし、復活したところ、おかげさまで島姿にも手ごたえを感じています。コロナがなければ、もっと売れていると思います。

価格の高い商品への挑戦ということでは、「味カレーのやまとが監修　レトルトカレー」も販売しています。価格は１個５４０円です。今までずっと20円の駄菓子の商売しか考えていなかったのですが、このように５００円とか１０００円とかの単価の商売がうちにもできることが分かりました。

しかし、このレトルトカレーは挑戦でした。最初にこの商品を３千ロット作った時に、「これが売れんかったら、俺たち毎日毎食カレーば食べんといかんね」と弟と話しました。ところが、売れてですね。需要があると分かり、視野が広がりました。これからも、いろんなことに挑戦しようと思っています。楽しみです。

大手ラーメンメーカーと連携

サンヨー食品という大手のメーカーがあります。サッポロ一番というインスタントラーメンを全国で販売している会社です。このサンヨー食品が、「『やまとの味カレー』味焼そば」という新商品を作り、期間限定で販売を開始しました。最近のサンヨー食品さんは、他社のロングセラー商品や特定のエリアで根強い人気がある他社の商品などとのコラボを展開されていて、今回はうちの「味カレー」がコラボの相手として選ばれました。担当者さんから「『味カレー』は、50年以上に渡り愛されているロングセラー商品であると共に、カップ焼そばと相性の良さそうな独特の懐かしいカレー味が魅力的であったので、お声掛けさせていただきました」とご連絡があったのです。

全国展開の商品ですからね。うちにとってはよい宣伝になりますので、よい話だなあと思いまして、快諾しました。最初のロットがいきなり数万ケースです。

パッケージの前面にはうちのキャラクターのやまとくんが堂々と立って、基本的なデザインは「やまとの味カレー」のパッケージを踏襲してくださっています。前面の脇の方には「『やまとの味カレー』は昭和35年1月より販売実績のある株式会社大和製菓のスナック菓子です。」と明記されています。広告宣伝費と考えると、相当な金額になります。こういうコラボが、他の分野でも広がればいいなと思っています。

やまとくんが長崎県警の防犯ポスターになった

コラボといえば、長崎県警ともコラボしました。「大和製菓のキャラクターを使って、防犯ポスターを作りたいのですが」と県警から声がかかったのです。鍵を持ったやまとくんが3人、長崎県警のマスコットのキャッチくんと一緒に描かれています。このポスターは、長崎県の警察署や交番などの施設に貼られています。

うれしかったです。この何年かで認知がさらに高まったと思います。長崎新聞やテレビのニュースなど、県内のメディアには多数出ました。よい宣伝になっています。こういうことでも協力できるのはうれしいですね。天国の祖父が喜んでくれていると思います。

課題は機械化と生産性の向上

1番の課題は、やはり生産性を上げることです。そして、生産量を上げることです。個々の製造ラインの改善で生産量を上げるか、個々の従業員の生産性を上げるしかありません。製造ラインの改善では、機械を新しくするしかないですね。それこそ、創業当時からの機械も使っていますから。機械屋さんに相談すると、工場自体を総取り替えした方がよいですよと言われるのですが、そうなると5億円くらいの投資規模になってしまいます。古い機械は壊れても部品を交換したり溶接したりして直せるのです。しかし、今の新しい機械はコンピューター制御なので、基盤がダメになったら直せない。ですから、直せるものは直しながら、新しい機械も取り入れていかなければなりません。

信用金庫さんからの補助金のご案内や、ものづくりの補助金などをうまく取り入れながら対応しています。毎年何かしらは変えて行きたいと考えています。ここ数年で、今後どうやっていくかという作戦を総合的に考えなきゃいけないいな、と思っているところです。

〔ココに注目！〕

単価20円の駄菓子・味カレーが今日まで続いていることが大和製菓の力の源泉だ。即席麺メーカー大手のサンヨー食品とのコラボや、長崎県警の防犯ポスターに味カレーのデザインやキャラクターが使われるというところにそれが表れている。こんなことになるとは、債務超過で引き継いだ時には想像もできなかったに違いない。その時に諦めず、食品団地での直販を自らが手掛けたことが大きな転機となった。土日祝日に食品団地やイベント会場で商品を売り続けると、売れることが分かる。経営者自らが、改めて商品と顧客とに向き合う機会となったのだ。そして、それは商品を購入する消費者の反応を具体的に体感した貴重な機会となった。商売は消費者が購入して初めて成り立つ。消費者と向き合う中で体感したことは、とても重要なことだった。

サンヨー食品とのコラボも、長崎県警の防犯ポスターも、大和製菓から提案したものではない。コラボの話はいつも外から来た。サンヨー食品の「『やまとの味カレー』味焼そば」のパッケージには、「長崎・佐世保生まれのロングセラー」「『やまとの味カレー』は昭和35年1月より販売実績のある株式会社大和製菓のスナック菓子です。」と明記されている。ロングセラー商品という認識は大和製菓にもあるが、内からの見え方と、サンヨー食品や長崎県警など外からの見え方は違うということだ。当事者には見えていない価値があることを、意識しておく必要がある。

大和製菓の社史を書くとすれば、食品団地での直販の開始を大和製菓の第2の創業と書くだろう。キャッシュフロー経営について、吉川社長が言葉ではなく体で感じたことが、起死回生に繋がったのだ。現金収入が売上全体の1割であるにもかかわらず、それが確保できたことで債務超過が解消され、経営が安定し、新しいことに挑戦しようという気持ちが社内に生まれたと語っている。この意味は大きい。このことを社長が体感したからこそ、食品団地での直販事業の取り組みを、大和製菓の第2の創業と呼びたい。

ポイントまとめ　**商品の価値再発見により、新しい価格への挑戦が可能となる**

1．味カレーという駄菓子のソウルフードを持っている。
2．高価格の商品開発への挑戦。
3．決めるのが早い。食品団地での直販、サンヨー食品との連携、長崎県警の防犯ポスターへの協力、どれも即決している。このスピードはとてもよい。

12 そのぎ茶温泉 株式会社

取締役会長　矢野義範

２万坪の山林を舞台に
豊かな自然を楽しむ宿泊観光づくり
グローバルニッチ戦略で未来を拓く

創　業	2020 年 4 月 1 日
事業内容	温泉旅館
従業員数	18 名（パートを含む）
所 在 地	長崎県東彼杵郡東彼杵町一ツ石郷字杉ノ尾 981
経営理念	観光業として地域経済に貢献する

１泊２食、１名の価格３万円の離れ形式の温泉宿を開業

長崎県大村市の東彼杵《ひがしそのぎ》町の山林に、離れ形式の温泉旅館「そのぎ茶温泉　里山の湯宿『つわぶきの花』」を昨年４月に開業しました。大村市内で「大村セントラルホテル」というビジネスホテルを経営しているのですが、新しい宿泊施設を作るなら、ビジネスホテルではなく単価が高くてゆったり過ごしていただける温泉付きの宿を作りたいと思っていました。２食付きで大人１名の宿泊価格が３万円前後。離れ形式の和室温泉旅館です。私の夢が実現しました。

温泉も新しく掘りましたが、これは挑戦でした。日本は１０００ｍほども掘ると、よほど間違わない限り温泉が出てきます。しかし、本当に温泉が湧くかどうかは掘ってみないと分からない。掘るのはお金がかかりますし、金融機関から融資を受けてやるので、信金さんは実はかなり心配をされました（笑）。

１０００ｍ以上の地下を掘るとなると、20ｔクラスの機械を大型トラックで運ばなければなりません。そのために新しい道路を造らなければなりませんでした。道路を造るためにさらに土地を買い増し、雑木山の切り崩しから始めました。

温泉を掘るための県の許可は１５００ｍまで取り、お湯の量は1分間に３８０ℓ、摂氏41～50度の温泉を求めて掘りました。１２００ｍまで掘り進んだところで36度4分のお湯に当たりました。宿には、それぞれに露天風呂と内風呂が付いた13の客室があり、さらに大浴場と予約して使える林の中の２つの貸し切り露天風呂がありますが、この湯量なら十分でした。それでも余るぐらいで、将来の拡張にも対応できる量が確保できました。

温泉が確保できたので、この宿を運営する新会社の名前を、そのぎ茶温泉株式会社とし、宿の名前に「そのぎ茶温泉」を付けることができました。そのぎ茶温泉という温泉場があったわけじゃないのですが、そのぎ茶と温泉にはこだわりがありました。日本茶の順位を決める全国茶品評会という74回続く表彰制度がありまして、そのぎ茶は２０１７年から蒸し製玉緑茶の部で最高位の農林水産大臣賞を4年連続で受賞しています。よいお茶ができる温泉地でゆったりくつろいでもらいたいという思いを込めました。そのぎ茶の発展にも貢献したいと思っています。

お湯の質もとてもよく、ラッキーでした。メタケイ酸という成分を多く含む美肌の湯なのです。１kgの中にメタケイ酸が50㎎以上入っていると、美肌の湯といって売り出せるひとつの基準になっています。私どもの温泉には、なんと3倍弱の１３７㎎も入っています。ですから、お風呂に入ると肌がすべすべになります。お客様に喜んでいただいています。

ビジネスホテルから温泉宿へ

大村市内に、大村セントラルホテルというビジネスホテルを23年前に開業し、経営しています。開業当時の大村市内の宿泊施設は脆弱でしたので、信金さんのご支援もいただいて開業しました。その後はどんどん新しいホテルが建設され、昨年も国道沿いに新しいホテルができています。今後もどんどん新しい宿泊施設ができます。そうすると、古いホテルは厳しいです。ビジネスホテルを継続するのか、料金も客層も違う新しい宿を目指すのか、真剣に考えました。

ホテルはリニューアルしながら維持していきますが、23年も経ちますと、お風呂とか水回りのメンテナンスが必要となります。大村セントラルホテルは償却期間が47年ですので、今はちょうど折り返し点。今後市内にホテルが増えると、大村セントラルホテルの経営は厳しいなと感じていました。

そこで、次に建てるとすれば、付加価値の高い宿屋にしたいと考えました。ビジネスホテルだけでなく料理屋も経営していますが、客単価1万円の料理を作るか、居酒屋で1000円の料理を作るかで、商売の在り方というのは全然違ってきます。

打つ手を考えるため、行く先々で旅館やホテルを見てきましたが、ビジネスホテルよりは料金が高くてゆったりした宿、いわゆる離れ形式の宿が各地で流行り出したと感じました。

　こういう宿を作ろうと構想を考えたのが5年ほど前で、それ以来、鹿児島県から山口県辺りまで、あちこちの宿に泊まってきました。さらに、開業の直前に、気になる宿にもう一度泊まって回りました。湯布院の最高級の3軒、亀の井別荘、玉の湯、山荘無量塔にも泊まりました。蔵王の麓では「だいこんの花」という宿に泊まりました。1万坪の土地に18棟の離れ形式の客室が点々とあって、雰囲気がとてもよいのです。私はそこが好きで、そこをモデルにしました。それで、この宿も花の名前をつけて「つわぶきの花」にしたのです。食べられるつわぶきの花です。あの黄色い花はとても綺麗ですから。

新しい器には新しいスタッフを入れて、理想のサービスを志向する

　正直申し上げて、この宿のスタッフはあえて素人を集めました。玄人を連れて来ると、私が考える理想の接客や宿の実現は難しいからです。私も飲食業や建設業で営業職をやってきましたから、お客様への接し方は心得ています。下手なプロに頼るよりは、手探りで一つひとつ確認して積み上げていこうと思っています。お客様からご指導を受けながら、理想を追求していってもいいじゃないかと考えました。特別なマニュアルは作っていません

が、口コミではよい評価をいただいています。じゃらんの口コミ評価は、5点満点で平均4.7点ほどです。

もちろん、至らないところもあり、お客様から苦情を言われることもあります。お客様からの苦情対応はとても重要だと考えており、2つのことを意識して取り組んでいます。その第一は、苦情を言われたお客様に直接お詫びしてご説明すること。第二は、従業員全員がお客様の声を共有することです。毎朝の朝礼の時には必ず、お客様の声を責任者が読み上げます。苦情だけではなく、お褒めの言葉も社員全員が共有するようにしています。

従業員の対応がまずかったりした場合などは、私がすぐに手紙を書いてお客様に送っています。ランチの食事券なども付けて。月に1回あるかないかですが、これは私の最も重要な仕事です。お詫びを書いて送るのですが、苦情を言われたご本人が繰り返し来館してくださったりします。ありがたいことです。誠実に詫びて、次は問題のないように致しますとお客様にお約束するのは大事なことだと学んでいます。

クレジットカードやデジタル化への対応

お客様の支払いはほとんどキャッシュレスになっています。日本の小さな旅館などではクレジットカードを使えないところがまだまだ多いですが、長期の旅行や高価格の旅行になればなるほど、お客様にはカードが便利です。私が経営しているビジネスホテルでは、クレジットカードでの支払いがほとんどです。私自身も各地を旅してクレジットカード払いの便利さを実感していますので、当館でもクレジットカードが使えるようにしました。

手数料が高いという経営者の声も分からなくはないですが、お客様の利便性を優先すべきと考えました。それに、カードを使えないためにお客様が消費を控えるという状況を作るのは、商売としてまずいと思ったのです。デジタルの時代ですし、カードを使えるようにするのはお客様へのサービスと考えるべきです。カードを使えないのではお客様には不便ですし、現金の手持ちが少なければ、お客様が消費を控えることになってしまいます。

当館のお客様の場合、予約された時点での事前決済が多いです。予約段階で支払いを済ませ、追加の支出はお土産ぐらいという方も少なくない。事前予約のためには、ホームページの充実が不可欠です。自社のホームページで決済していただくと、お客様と当館の直の取引になり、中間業者への手数料を支払う必要がなくなりますので。

お客様の満足度を高めるための客室の工夫

海外の方にとって、日本の旅館のスリッパはなかなか馴染めないようです。海外では靴を履いたまま家の中に入るのが普通ですし、靴を脱ぐのは寝る時だけという国が多いですから。よって、当館の客室にはスリッパは置いていません。玄関で靴を脱いだ後はスリッパなしで過ごしていただいています。畳以外の床の部分は檜材になっていますので、素足で檜の木肌を感じていただければと思っています。

当館の建築は、全て木材で壁は漆喰塗り。新建材は使っていません。こういうところにもこだわっていますので、新建材が体調に影響を与える方にも安心して泊まっていただけます。

カブトムシは重要な観光資源

去年の夏、お客様とのやり取りでこんなことがありました。虫かごと虫捕り網を持った男の子とお父さんが、長崎から泊まりに来られたのです。しかし、泊まられた時期はカブトムシが出る直前で、お子さんが捕られたのは残念なことにクワガタだけでした。チェックアウトの時に、そのお子さんに「カブトムシが捕れなくて残念でしたね。今度送ってあげますよ」とお話しました。

そして後日、カブトムシを送って差し上げますと、お父さんから手紙が届きました。「カブトムシを送っていただいたおかげで子どもが喜んでいます。毎日子どもとカブトムシで遊んでいます」と。カブトムシと遊ぶ写真も同封されていました。それで、これは子どもさんたちのための夏休みの体験観光メニューになると気が付きました。

この敷地の中でもカブトムシが育ちます。菌床栽培で椎茸を育てていますが、椎茸が出なくなった菌床を山に放っておくと、その菌床にカブトムシが卵を産み付けます。去年の夏は、30匹ほどをお客様に差し上げました。今年は、もっと大々的にやるつもりです。実際にカブトムシも捕ってもらいたいなと思っています。

2万坪の山林に理想の宿泊施設を作る

カブトムシは一例に過ぎません。2万坪の山林の中に建つ温泉宿の周囲の自然の豊かさは、知恵と発想次第でさらに魅力ある観光資源になります。この2万坪を活用して、ゆったり過ごせる宿泊施設を完成させるのが私の夢です。

現在までに完成したのは、13の客室と食堂と大浴場、それに2つの露天風呂などを含む宿泊施設です。客室は全て居間と寝室に分かれていて、温泉は内風呂と露天風呂の2つを楽しめるようになっています。客室から独立した2つの露天風呂が林の中にあり、家族風呂として使っていただいています。これらの宿泊関連施設が、2万坪の4分の1程度を占めています。残りの土地には、果樹園や山野草園、野菜畑、水田、椎茸の栽培場、鶏舎などを作っています。水田で作る米や畑で採れる野菜、果樹園で育つ果物、それに鶏舎で産

まれた卵などは、季節ごとの宿の食事の材料となっています。この土地で採れたもの、生産されたものを、宿での食事やお土産などにして活かしていくつもりです。

お客様には、とても好評です。都会暮らしの人々の中には、野菜やフルーツや椎茸がどんなふうに育っているか見たことのない方も大勢いらっしゃいますから。このように、2万坪の山林全体を、参加型・体験型の宿泊観光施設に仕上げていきたいと考えています。具体的に言いますと、季節の野菜や果物をお客様に収穫していただくとか、水田で田植えや収穫を体験していただき、収穫したお米は後日ご自宅にお届けするとかを考えています。果樹は、この冬から植え込みをしましたので、実がなるにはまだまだ年数がかかりますが、一旦実れば、お客様が収穫を楽しめますし、もぎたてのフルーツを食べていただけます。そのフルーツでジャムなどを作れば、お土産として販売することもできます。椎茸もお土産になります。この敷地で採れる農作物を加工して、お土産を作ることができます。まさに地産地消の加工食品作りにもなります。

温泉付きグランピング施設作りや果樹園の整備など、まだまだやることは沢山ありますが、しっかり整えて、地域の経済に貢献できる宿にしていきたいです。

〔ココに注目！〕

ビジネスホテルの経営に飽き足らず、2万坪の敷地に新たに温泉を掘って理想の温泉宿を追求する70歳。しかし、単なる夢物語ではない。

ビジネスホテルの経営の経験と、全国各地の理想の温泉宿を見て回った経験が裏付けとなっている。「観光業の旅知らず」という言葉がある。観光施設の経営者や従業員が忙し過ぎて旅に出られず、同業他社の施設やサービスを見る機会がないことや、接客業の当事者が実際に客の身になった経験が少ないことなどを表現した言葉だ。

そのぎ茶温泉「つわぶきの里」の創業者で現取締役会長の矢野義範さんは、ビジネスホテルの将来を見定め、ビジネスホテルより高単価の温泉宿を目指したが、その構想を具体化した5年前から実際に旅をして理想の温泉宿を探し求めた。この旅の経験が、つわぶきの里には生きている。

客室のスリッパを廃止し、客室の一つひとつに内風呂と露天風呂の2つを備え、クレジットカード決済を導入し、インターネットを整備して宿に直接予約できる仕組みを整える。さらに、社長自らお客のクレームへの返信を書くなどは、客として旅をしてきた経験からの判断だ。

コロナ禍が続く中で、三密を避けることが普通になっているが、これにより、団体旅行から少人数旅行や個人旅行へのシフトが早まることになる。そういう中で、離れ形式の宿は、客室が独立しており、建物の間の移動は屋外を通ることになるので三密を避ける効果が高く、需要が高まることが見込まれる。つわぶきの里は、広い土地が使える地方における宿泊施設の新しい取り組みのモデルになるかもしれない。

ポイントまとめ　**ターゲットを絞った少人数高単価戦略**

1. 広大な土地にあえて少人数しか宿泊できない施設を作る。
2. 全国各地の温泉宿を見て回り、客の視点から理想の宿泊施設作りを追及。
3. 支払いのデジタル化やスリッパの廃止など、顧客の満足度を考えたサービスを提供。
4. あえて素人のスタッフを雇い、一から自社の接客スタイルを構築。
5. 自然豊かな土地を活かした参加型・体験型の観光施設を目指す。

13 株式会社 とわに

代表取締役　野崎聖剛

町議会議員から老人介護施設の経営者へ 介護事業に深く関わったきっかけは、おばあちゃんのトイレ介助

創　業	2012 年 11 月 12 日
事業内容	介護事業（共生ステーション、通所介護）
従業員数	20 名
所在地	佐賀県唐津市原 82 － 1
経営理念	寄り添う心

小動物が共に暮らす老人介護施設

開業したのは、２０１２（平成24）年11月。会社名は、「永遠に」続くことを祈願し、「とわに」と命名しました。唐津市原で「老人介護事業」を営んでいます。現在、施設は1店舗。定員は25名で、常時お泊りは17名。残りの8名は通いとショートです。職員は、私を入れて20人。25人の定員の場合、規定では従業員が5名いればよいのですが、当社では7人～8人、多い時は10人で対応しています。全員で20人という従業員数も、常時対応しているスタッフ数も業界基準より多いのは、この仕事は人（スタッフ）が重要だからです。対応するスタッフが多ければ、より手厚いサービス（介護）が提供できます。また、従業員もある程度気持ちにゆとりを持って働けることから、職員の定着率も非常に高いです。

利用者さんと職員が互いに顔を覚えあい、信頼できる関係性を築く。また、ご家族からも、入所から看取りまで一か所で安心して利用できると思っていただく。当社は、そんな施設を目指しています。利用者さんがお亡くなりになられた後も、ご家族が施設を定期的に訪れていただくなど、関係が継続している

方も少なくはありませんので、少しは形になってきているのではないでしょうか。

施設では、犬が2匹、猫が5匹、インコが5羽、他に鯉に金魚・グッピーなどの小動物が一緒に暮らしています。たまたま保健所から引き取り手がいないかと声を掛けられて、犬が2匹来たのが始まりでした。私はあまり動物が好きな方ではないですけど、施設長がそういう捨てられた犬とか猫とか放っておけない性格で、「ちょっと助けてやったら」というのがきっかけでした。

動物たちは、大半が施設のホール内で飼われていますので、朝は必ず鳥の鳴き声がしています。施設に来た最初の猫は野放し状態で、施設の中をウロウロしています。最近では鯉も大きくなり、９００ℓの水槽も手狭になったので、私がひとりで敷地内に池を掘り、水を引きました。一般のご家庭でも、犬や猫がいますよね。施設でもご自宅に近い環境が利用者さんに提供できたらと思いやっています。

私の日課は、朝7時の犬の散歩に始まり、夜7時の犬の散歩で終わります。小動物のほとんどを私が世話をしています。私は社長ですが、当施設の飼育員です。それで良いのです。そうすることで職員も介護に集中できますので。外回りの管理は私、施設の中は施設長に任せています。

町会議員から老人介護へ

私は35歳の時、生まれ育った浜玉町で町会議員に立候補しました。

当時は、実家の蒲鉾屋を手伝う傍ら、小学生や中学生を対象に野球やマラソンのコーチをしていましたが、広いグラウンドで子どもたちを自由に運動させたいという思いから、やがて町議に立候補することを決めました。

選挙は、子どもたち（教え子）の家族やいろいろな方の助けで無事当選することができました。町議は３期12年務め、３期目は総務委員長の役を務めました。浜玉町は人口１万人程度の小さな町でしたが、町長がいて、議員がいて、役場職員もたくさんいて、文字通り痒いところに手が届くような町で活気にあふれていました。

思っていることをもっと実行するために町長を目指そうと考え始めたころ、市町村合併で夢は叶わなくなりました。思い直して、唐津市の市議会選挙に出馬しました。市議になって実績を重ねて市長になろうと考えたのです。でも、結果は落選。私は無職になってしまいました。

３つの施設を３か月以内に満室にしたのに、３つとも解雇された

次の市議会選挙までの充電期間と思っていた時期に、介護の仕事に出合いました。介護

はしなくてよいからと言われ、次長として入りましたが、1週間で辞めようと思いました。自分には向いていないと思ったのです。女の人ばかりで専門用語が飛び交っていて、あの人は次長で入ってきたのに何もできん、というようなことも言われました。ところが、今日まで続いています。転機はトイレの世話でした。

就任し1週間が経ったころ、私が見守り当番をしていた時です。ひとりのおばあちゃんが「トイレに連れて行って」と言いました。周囲を見回すと、私しかいません。私がトイレまで連れて行くと、そのおばあちゃんが「ズボンを下ろさなできんよ」と言ったのです。困惑しました。だって、女の人のズボンを男が下げるなんて犯罪行為じゃないですか。迷っていたら、もう一度「ズボン下ろさなできんで」と。そこで腹を決めて「1、2の3」で下ろして「ああ、これが介護なんだ」と分かりました。最初のうちは、トイレ介助ばかりしていて、そのうち自分から率先してやるようになりました。それからですね、介護が面白いと思えるようになったのは。

介護の魅力が分かってきて、いろんな勉強もしました。私をいじめる人もいたのですが、負けず嫌いなので、今に見とけよという思いで自分がやるべきことをやりました。そのうちにコロリと態度が変わって、その人たちが私にいろいろと聞いてくるようになりました。その結果、理事長とスタッフの架け橋のような役割も果たすようになりました。

理事長は3つの施設を持っており、3つの施設の施設長を順々に命じられて一つひとつを回りました。真面目に仕事をしていたのですが、介護への考え方の違いでしょうか、理事長に突然解雇を告げられました。これが1度目の解雇です。

すると、別の人が「私と施設を立ち上げませんか」と声をかけてくれたのです。私は施設立ち上げに協力しました。土地は、私が以前町議を務めていた浜玉町で探しました。浜玉町にしたのは、地元の皆さんのために少しでも役に立ちたいという思いからです。町議時代のお付き合いもあり、顔見知りのお百姓さんがすぐに土地を提供してくださり、施設を建てられました。

開設後3ヶ月ぐらいで満室になりました。そこでは、私は施設長でしたが、ゼロから立ち上げて軌道に乗せるまで苦労しました。毎日勤務して寝る時間もないほどでしたが、施設を守りたいという気持ちで頑張りました。しかし、ここも1年で突然解雇されます。原因は、経営方針の違いでした。これが2度目の解雇です。

すると、また声がかかりました。今回は、辞めた施設に出入りしていたケアマネージャーからでした。私の肩書は、取締役・施設長です。ここでも土地探しから始め、再度浜玉町に施設を作り、3か月で満室になりました。

開業してすぐに代表が体を壊して入院してしまいました。3か月後に復帰した代表は、施設を取られたような気持ちになられたのか、退院早々施設にやってきて、私に向って「あなたは代表じゃないでしょう」と言うのです。代表取締役は取締役を解任できることが法律で決まっており、私はすぐに解雇されてしまいました。これで、3度目の解雇です。

私は3年間で3回解雇されました。何故なのか……冷静に自分を見つめると、その原因の多くは私にあったのです。3回解雇され、私は、人に雇われて働くことができないことに気付きました。やっとです。

日本人の美徳は、辛いことがあっても我慢することです。でも私は、それができない。施設のこと、利用者さんのこと、職員のことを考えると、妥協できないのです。ですから決意しました。開業すると。

無職で700万円の融資を得て、雇われではない介護施設を開業

開業を決意してまず相談したのが、唐津信用金庫のI君です。I君は、私が以前中学校で陸上のコーチをしていた時の教え子です。当時の私は無職です。無職の私が、新しい施

設を立ち上げるからと７００万円の融資を申し込んで誰が貸すでしょうか？　正直なところ、融資は厳しいと思っていました。しかし、この７００万円の融資が、なんと借りられたのです。その時、信用金庫さんというのは、現在だけを見ていないのだということが分かりました。

当時Ｉ君は、私が解雇された施設の地区担当者でした。唐津信金さんとは私個人での取引のみで、施設での取引はありませんでした。施設には定期的に訪問してくれていましたので、私が一生懸命やっていた仕事ぶりや、利用者さんや他の職員と接する姿を見て、稟議を上げてくれたのです。後で知った話ですが、直属の支店長に断られ、支店に隣接する開業予定地の支店長に直談判までして取り組んでくれたそうです。

こうして７００万円の融資を得て、新しい施設を開業することができました。施設長と話し合って、小さくてもいいから誰かに雇われるのではなく、自分たちでやろうということで始めました。中古の住宅を改装して、１ヶ月で立ち上げました。

開業後すぐに、以前勤めていた施設の入居者さんやご家族さんが、私たちに見てもらいたいと言って移って来られ、定員10名は満員となりました。施設も軌道に乗り、次は土地を買って施設を建てたいと考えました。その間ずっと試算表を唐津信金さんに見せて、開業のポイント・タイミングを教えてもらいました。唐津信金さんから計画実行にゴーサインが出たのは開業から2年後。もちろん、その時の担当者もI君です。

平成27年に６００坪の土地を購入。田んぼを宅地に造成したのですが、これも運が味方しました。造成するには田んぼに土を入れなければならないのですが、ちょうどそのころ唐津で大きな病院が建設中で、山を切り崩して造成したために、残土の処分に困っていました。そこで、その土をタダで持ってきてもらって６００坪全部を埋めることができたのです。坪単価２万円ちょっとで造成まで終わりました。唐津信金さんは、今回の計画でも1億円を融資してくれたのです。

我慢できず3年間に3回、1年ごとに解雇され、最終的に開業を決意。結果、開業２年で1億円近い資産を持つ会社の社長になれたのです。

人の人生とは面白いものですね。我慢して成功する人・失敗する人、我慢をしなくても自分で道を切り拓き成功する人もいます。何が正解なのでしょうか？　わかりません。

しかし、3回の解雇があって、今の自分があるのも事実です。

目指すのは、利用者とそのご家族が喜ぶこと

ようやく自分たちのナンバーワンの施設を創れました。これを育てていくのが今の課題です。施設長と二人三脚でやれているのがいいですね。当然、優秀なスタッフがあってこそですが。

施設長は、最初に勤務した介護施設からの付き合いです。そして、私が解雇される度に、ずっとついて来てくれて、一緒に汗をかいてきた同士です。振り返ると、常に私をサポートしてくれて、私以上に働いてくれています。施設長の良いところは、利用者さんしか見ていないこと。「こんなサービスで、お金をもらっていいの？　自分たちは利用者さんからお金をもらっているんでしょう?」というのが口癖です。

「利用者さんからもらったお金は利用者さんに返していこう」というのが施設長の考えで、これは私と全く同じ考えです。施設長の良さが発揮されるのが、季節ごとの行事にお金をかける企画力です。例えば、クリスマスには高さ3メートルほどもあるクリスマスツリーを飾ります。もちろん買うのです。利用者さんとその家族へのサービスということで、私の許可なしで施設長は購入します。このような時は、常に事後報告です。その目的は利用者さんが喜ぶこと、それを見てご家族が喜ぶこと。そこがぶれないことが良いと思います。それが自然にできる施設長は、次期「社長の器」です。

当社の目標はふたつあります。ひとつは施設長を後継者に育て上げること。もうひとつは、唐津で一番の施設を作り上げること。当然、資金は唐津信金さんに相談します。浮気はしません。聞いた話では、信用金庫では1事業所に貸出できる金額に制限があるそうです。次の事業を行うことで、その上限額に近づけば、当社が唐津信用金庫でナンバーワンの客になれるのです。ふたつともすごくやりがいがあります。

ココに注目！

3年間に3回、毎年解雇され続けたというのもすごいが、解雇されても3回ともすぐに声がかかるのが野崎社長のすごさだ。そして、引き受けると短期に結果を出す。どの施設も関わってから3か月以内に満室となった。この秘密は何かと言えば、老人介護施設の入居者との関係がよいこと、関係づくりが巧みなこと、ここに尽きる。

要は客づくりだ。「とわに」が作っているものは何かと言えば、客である。ただの客ではなくて満足度の高い客であり、運営する人が他に移れば追いかけて移動するほどの客である。どんな立派な建物を作っても、建物がお金を払うわけではない。お金を支払うのは客なのだ。

野崎社長が唐津信金から借りた700万円で改装した民家が満室になったからこそ、その後に1億円の融資が得られ、600坪の土地が取得でき現在の施設が新築できたのだ。施設が満室になったのは、解雇された施設から野崎社長と施設長を追いかけて利用客が移って来たからだ。そして、700万円と1億円の融資を決めた唐津信金は、野崎社長と施設長が施設を移る度に、ふたりを追いかけて移る利用客がいることを知っていたのだ。

野崎社長と施設長の組み合わせによる客づくりと老人介護施設作りは、もっと語られてよいと思う。私もさらに取材をしたくなった。それは、このふたりの客づくりは、接客が重要な中小企業のモデルになるからだ。

ポイントまとめ　**顧客の喜ぶ顔が見たいという気持ちが、ぶれないサービスを作る**

1. 顧客が施設を移ってきてまで選ばれる、質の高いサービスづくり。
2. お客様に選ばれ続けていることが、金融機関からの信用につながる。
3. 業界標準よりも多くの人員を配置し、施設スタッフと入居者との親密な関係性をつくる。
4. 小動物を飼うなど、型にはまらない施設運営を行う。

14 有限会社エトワール・ホリエ

代表取締役　堀江あさ子

70 年続くロングセラー商品 伊万里焼饅頭を原動力に 老舗和洋菓子がさらなる挑戦へ

創　業	1900 年（法人登録 1982 年 6 月 1 日）
事業内容	菓子製造販売
従業員数	22 名
所在地	佐賀県伊万里市伊万里町甲 585
経営理念	伝統工芸の町「伊万里」。その伊万里の歴史や文化を反映したお菓子作りを通して、全国に紹介する事

創業１２１年の和洋菓子店は、１９００年、曽祖父がせんべい屋として開業

昨年、創業１２０周年を迎えました。昨年の4月には１２０周年記念イベントを開催する計画を立てていましたが、コロナで取り止めました。伊万里でも感染者が出ましたので。お客様と町の安心安全を考えると、それが最善の判断だったと思います。

曽祖父が１９００年（明治33年）4月に伊万里でせんべい屋を始めたのが最初です。彼は長崎県大村の出身。当時のこの辺りは、港町としてにぎわっていました。魚がたくさん採れて蒲鉾屋が多く、町を歩くと蒲鉾のにおいがプンプンしていたそうです。活気のある豊かな漁港だったのでしょうね。この場所ならと思い、伊万里での開業を決めたと聞いています。

主人の家の家業で、曽祖父から、祖父、義父と続いて主人が4代目。残念なことですが、主人が3年前に亡くなりまして、妻である私が5代目を継ぎました。社長である主人が製造と経営を担当していて、私は販売を担当していただけですので、社長を引き継ぐのは大変でした。3年目になりますが、まだ慣れません。でも、１２０年の歴史と暖簾《のれん》は何とか守らなければと

思い、努力しています。

創業当時の屋号は、ホリエ菓子店でした。１９７５（昭和50）年に、現在地に本社と工場を移し、現在の屋号、有限会社エトワール・ホリエに改名しました。名前を決めたのは義父で、フランスのエトワール広場のように、皆さんが集まってくださるお店にしたいという思いを託したと聞いています。

戦死した兄たちに代わって、戦後すぐに、義父が3代目を継ぎました。曽祖父が最初に作ったのはせんべいで、それから和菓子なども作っていましたが、戦後はバターなどの洋菓子の素材が入るようになりました。これからはお菓子作りも変わっていくと時代の変化を感じ取った義父は、戦後すぐに、東京製菓学校の前身に入って洋菓子作りを学びました。そして伊万里に帰り、シュークリームを作ったそうです。いつか、伊万里を代表するお菓子を作りたいという夢を持っていました。

伊万里焼饅頭は今年70歳。名実ともにナンバーワンのロングセラー商品

その夢がカタチになったのが、伊万里焼饅頭です。１９５１（昭和26）年に生まれましたので、今年70年目を迎えたロングセラー商品です。饅頭という名前が付いていますが、カステラ生地で黄身餡をくるんだ和洋折衷菓子です。陶磁器の釉薬《ゆうやく》の表面にできるひび割

れを、貫入《かんにゅう》と言います。陶磁器鑑賞上の見どころのひとつですが、義父は伊万里焼饅頭の上面にこの貫入に似たひび割れを作ることに成功しました。焼き物の町、伊万里に相応しいお菓子になったと自負しています。当社は焼き菓子と生菓子の比率が8割対2割。伊万里焼饅頭は焼き菓子の売上の9割を占め、名実ともに当社を代表するお菓子です。２０１７年の6月には、日本航空国内線のファーストクラスのデザートにも採用されました。

義父はアイデアマンでした。伊万里焼の名前を自社の個別の商品に使うのは今ではできませんが、伊万里焼饅頭の名前をずっと使えるようにしたのは義父の功績です。他にも売上2位の「古窯《こよう》の都《さと》」や、3位の「古伊万里」、「陶磁の道」「伊万里津」なども、義父が名前を付けました。伊万里湾の場所は知らなくても、伊万里焼や、江戸時代の伊万里焼を指す古伊万里という言葉は知らない人がいません。伊万里焼饅頭は、伊万里の人が東京や大阪に出張される時のお土産として選ばれ続けています。ありがたいことです。

新商品開発の勉強会に参加

主人とはお見合いで一緒になり、お菓子作りと会社経営は主人が担い、私はお店の販売で手伝ってきました。ですから、1年10か月の闘病生活を経て2017年9月に主人が亡くなった時は正直途方に暮れました。でも、やめようとは思いませんでした。主人も無念だったろうと思いましたので。それから、曽祖父から築いてきた信用もありますし、この暖簾は守らなければと思いました。しかし、なかなか元気が出ませんでした。

実は、主人が健在だった時に伊万里信用金庫さんから、新商品開発の勉強会をしないかと誘われていました。しかし、病の判明により頓挫しておりました。主人が亡くなってから3か月が経った年末に中山理事長さんが改めて声をかけてくださいました。「どうや、少しは元気になったやろ」と。私は「まだです」と答えました。中山理事長は手がかかるな、と思われたでしょうね。でも再度「年が明けたら、信金とエトワール・ホリエの商品開発の勉強会をしよう」と誘ってくださいました。伊万里信金の商品開発アドバイザーの平松さんからは、まず、伊万里焼饅頭の新しいバージョンの新商品を考えてみましょう、というお話をいただきました。私は義母に相談しました。伊万里焼饅頭は、義父が作り義母と育てた商品でしたから。義母の答えは、「よかよ」でした。

伊万里茶との連携で伊万里焼饅頭緑茶が誕生

第1回の勉強会は、2018年に伊万里信金の会議室で開かれました。私と次女、そして社員2名で参加しました。発売から70年、何も変えてこなかった売れ筋ナンバーワンの伊万里焼饅頭から新商品を作るというプロジェクトがスタートしました。

一番の特徴である、陶磁器の貫入をお菓子で表現している部分は、変えるつもりはありませんでした。そうなると、味や色で変化を付けることになります。伊万里はお茶作りも盛んで、伊万里市内の日南郷《ひなたごう》はお茶の産地として知られています。また伊万里の山口製茶園さんの緑茶が、2015年の世界緑茶コンテストで金賞を受賞しています。この伊万里の緑茶を活かしてはどうだろう、ということになりました。伊万里焼饅頭は黄身餡ですが、新しい餡として、緑茶餡を作ることを考えました。緑茶の味わいと色を活かした餡作りに挑戦し、試作と試食を重ねました。着色料ではない、天然の緑色と世界緑茶コンテスト金賞の緑茶の技法が加わった新しい餡が生まれました。その餡を使った饅頭を伊万里焼饅頭緑茶と名付けました。

67年間にわたり、愛されてきた伊万里焼饅頭に新しい商品が加わりました。これにより、従来の伊万里焼饅頭と新商品を組み合わせた詰め合わせセットもできるようになりました。ふるさと納税の返礼品にもなり、好評を得ています。

社長になって初めて作った新商品がデビューできてホッとしました。でも、年が改まると、次の新商品作りのプロジェクトが始まりました。休んでいる暇はないのですね。

伊万里焼の器とのコラボで伊万里焼ダブルスイーツが誕生

今度は、伊万里信金の商品開発アドバイザーの平松さんが、伊万里焼の器との組み合わせを提案されました。伊万里焼きの器の中に洋菓子を入れて、器ごと販売するというアイデアです。平松さんが、伊万里市大川内町にある伊万里焼の窯元、畑萬陶苑とつないでくださいました。畑萬陶苑は伊万里鍋島焼の伝統を現代に活かす器作りをされています。400年の伝統がある伊万里焼の器と伊万里で育った洋菓子との組み合わせです。ワクワクしました。

器の中に入れるお菓子として、最初はスフレを考えました。スフレは温かくして食べるお菓子ですから、電子レンジで温めて食べていただこうと考えたのです。試食会では好評でした。しかし、市販の電子レンジは500ワットと600ワットが選べますので、その選択で味わいが変わってしまいます。従ってスフレはやめようという結論になりました。

ですが、スフレはお客様に冷凍で届ける予定でしたので、この形を引き継ぎ、冷凍したお菓子を自然解凍させる方向で考えたらどうか、ということになりました。

伊万里焼の磁器の蕎麦猪口タイプのカップに、生クリームを使ったレアチーズケーキを入れ、その上に緑茶のティラミスを重ねました。緑茶のティラミスと思って食べていると、下からレアチーズケーキが出てきて、驚かせる仕掛けです。器は、白磁に藍色の染付をした「結び」、白磁に色鍋島の赤絵で染め付けた「丸更紗」、そしてシンプルな青磁の「せいじ」の3種類を用意しました。

商品名は、伊万里焼W《ダブル》スイーツとしました。伊万里焼の器と当社のお菓子でダブル。緑茶ティラミスとレアチーズケーキの2段重ねでダブル。畑萬陶苑とエトワール・ホリエのコラボでダブル。

２０１９年の5月26日に販売を開始しました。おかげさまで売上も好調です。伊万里市のふるさと納税の返礼品にもなっています。ひとつの器入りの単価が１８００円（税別）と当社の商品としては高いですし、勉強会の中でも高いのでは、という声はありましたが、器の費用もありますし、今後は商品の価値にふさわしい価格ということも考えていきたいと思っています。アドバイザーの平松さんからも、東京や大阪などの大消費地のお客様には受け入れられますよ、とおっしゃっていただきました。実績もそれを裏付けています。お菓子を食べた後も器として使えますので、お得感があると思います。

社長になって、3年で3つの新商品にチャレンジ

商品開発の勉強会は、伊万里信金さんが手を引っ張ってくださいました。最初は大変と思いましたが、参加する度に新たな発見があり、とても有意義でした。主人が作ってくれたものを売るのが私の仕事と思っていましたが、商品開発に携わることができて、社長になれた気がします。主人も喜んでくれていると思います。

伊万里信金さんには、商品開発以外でもお世話になっています。これまで、伊万里焼饅頭緑茶は一つひとつ真空包仕上げを手作業でやっていましたが、この包装作業を自動化できる包装機械は伊万里信金さんの融資で導入できました。

社長になって4年目を迎えます。コロナ禍はまだ収まりません。当社にもコロナは大きな影響がありました。密になることを避け、不要不急の会合は開かず、外出も自粛しようということで、結婚式や法事、入学式や卒業式なども規模が縮小されたり、中止されたり

しております。婚礼のお菓子、お祝いのお菓子、法事のお菓子などの需要が縮小してしまいました。ビジネスの出張が減っておりますし、帰省も自粛されています。こうなりますとお土産が動きません。こういう中で、新商品の開発に毎年取り組めているのはまことにありがたいことです。時代が大きく変化している中で、時代に合った商品を増やしていくのは当然のことで、これは引き続き続けて参ります。一方で、商品の数が増えておりますので、見直しを進めたいと考えております。個包装の機械化のように、仕事の環境を改善して、効率的な働き方を推進していかなければならないと痛感しております。こういうことにも取り組んで参りたいと考えております。

それから、新商品の開発では、伊万里焼饅頭の緑茶餡は伊万里茶の山口製茶園さんと、伊万里焼Ｗスイーツは畑萬陶苑さんとのコラボにより生まれました。伊万里茶も伊万里焼も伊万里の人々の努力と歴史によって育まれてきた、郷土の誇るべき資産です。そういう資産を守り、その価値を高めてこられた地元の企業さんとコラボして新しい商品を開発できたことは、まことに光栄なことでした。１社でできることは限られておりますので、今後とも地域の企業さんとの連携を深めていきたいと考えております。

私は、主人の急死で社長を継ぐことになりました。信金さんはじめ、周囲の皆さんのおかげで、何とかできておりおります。社長になって思うのは、１２０年続いてきたこの会社を、どのように次の時代に引き継いでいくかということです。

新商品の開発プロジェクトに次女、社員と一緒に参加できたことは、私にとってはとても有意義でした。きっと社員にもよい経験になったと思います。商品開発の仕事に取り組んだという以上に、伊万里信金の皆さんの当社への期待を理解する機会を得たということが大きかったです。また、手を携えてお互いの持っているものの価値を高め合える地域の企業の存在に触れたことも大きかったと思います。家族であるということと、エトワール・ホリエという会社の一員であることは、同じことのようでもありますが、違うことでもあり、その違いについて考えることができたことは本当に有意義でした。

〔ココに注目！〕

地域の中小企業が連携して新しい商品を作り、それにより地域の価値を高めるという仕事があることを、エトワール・ホリエの新商品開発は物語っている。伊万里茶と洋菓子の連携、伊万里焼の器と洋菓子の連携。この2つの連携は、伊万里焼饅頭というロングセラーのベストセラー商品をエトワール・ホリエが育て守ってきたから起きたことだ。創業者は伊万里の人ではないのだが、70年にわたり伊万里焼饅頭を作り続けてきた結果、エトワール・ホリエは伊万里起源のお菓子屋となった。伊万里焼饅頭緑茶も伊万里焼Wスイーツも伊万里信金の熱心な働きかけなしには生まれなかったが、それも、70年にわたり続いてきた伊万里焼饅頭がなければ生まれなかったのだ。つまり、伊万里焼饅頭は、ビジネスのプラットホームなのだ。そこに新しいアイデアを盛り込んで、さらに新しい商品に作り変える、地域が活性化するための共通の土台なのである。

ポイントまとめ　**地元企業をつなぐロングセラー商品の力**

1. 商品は他の企業との連携のプラットホームであり、商品開発のプラットホームであり、地域貢献のプラットホームである。
2. 400年以上の歴史ある「伊万里焼」の名を冠した、伊万里焼饅頭、伊万里焼Wスイーツ等、地域の名称を付けることの価値。
3. 貫入という良質の陶磁器の世界のひび割れを菓子で表現した独創性と技術によって、「伊万里焼」のブランド名に負けないヒット商品に。

15 合資会社林醤油本店

代表社員　林 りえ

島原で醤油・味噌を造り続けて 103 年
拡大よりは持続を！
島原の味とお客様を守る老舗の挑戦

創　業	1918 年 11 月
事業内容	醤油・みそ製造業
従業員数	13 名
所 在 地	長崎県島原市北門町 1309-1
経営理念	時代が流れても、地域に根ざす「さ・し・す・せ・そ」（調味料）の安定した変わらない味を守っていくこと。食卓の安心安全をお届けすること

創業１０３年　島原の名水を使った醤油造り

　大正7年に曽祖父が創業しました、今年で１０３年になります。私は5代目です。創業したのは島原市役所のそばでしたが、昭和57年にこの北門町に移転しました。その頃は周りに何も建物がなくて、田んぼの中にぽつんと1軒、当社の工場だけがあったような状況でした。最初は社宅を建てて、それから工場を徐々に移し、最後に事務所と残りの設備を移転しました。この建物は、廃校になった中学校の校舎なのです。解体してこちらに持って来て組み立て直したようなのですが、当時はクレーンなどない時代でしたから大変だったと思います。２階では麹と味噌を造っています。島原は古くから水の都といわれて、水がよい場所です。この土地も地下水が豊富で、くみ上げて使っています。醤油造りは水が命ですから。

　島原半島は、その形が人間の胃袋に似ているので、地元では「一億人の胃袋」と呼んでいます。普賢岳の火山の恵みで土壌が肥沃で、農業が盛んです。長崎県の農業産出額の約4割は島原地域が占めています。大根や人参、レタス、いちごなど多種多様な品目が生産されており、特に長崎県が全国で３番目の生産量を誇るジャガイモは、その多くが島原半島で生産されています。また、牛、豚、鶏などの畜産も盛んです。島原半島は有明海と橘湾に囲まれており、アラカブやタコなどの海産物が特産品になっています。食材が豊かで多様ということになれば、醤油の出番です。水がよくて、食も豊か。島原は、醤油造りにはとても恵まれた場所なのです。

島原のお客様が9割以上、地元の人々に支持されているのはうれしい

当社のお客様の9割以上は島原市にお住まいです。醤油は、人々の味や嗜好と深く結びついていますから、当社の醤油が島原市で受け入れられているのは自然なことだと思います。でも、このように普及したのは、初代から代々、地元で努力してきたおかげで、本当にありがたいことです。島原市以外では、数は多くないですが熊本県と佐賀県、それに福岡県などのごく一部ですが、継続的に使ってくださっているお客様がいらっしゃいます。

福岡県は、福岡市役所の15階にある職員食堂で、今年の3月まで当社の醤油が使われていました（建物の改修で職員食堂は3月末で閉店）。随分前から使っていただいていたのですが、一度キャンセルされたことがありました。そうしましたら、常連のお客様が「いつもの醤油と違う」と言われたのだそうです。それで、職員食堂の受託業者の担当者さんがわざわざ当社まで訪ねて来られ、生産施設を見て行かれました。その方は、こんなふう

に作っておられるなら安心ですね、とおっしゃって帰られました。後日、職員食堂で改めて当社の醤油が使われるようになりました。うれしかったです。

味に馴染むと言いますか、家族の味とか習慣とかは確かにありますね。ですから、毎日使っている醤油を別の醤油に変えていただくのはなかなか難しいです。九州の大手の醤油屋さんなども東京などに進出されたりしていますが、なかなか続かないみたいです。

当社では、島原から東京などに行かれて、飲食店などの商売をされていらっしゃる方には醤油をお送りしています。島原の味を求めておられる方たちは確かにいらっしゃいますので。やっぱり、小さい頃から食べ慣れた味というのは身体にしっくりくるようですね。

コロナの影響

コロナ禍になってから1年以上が経ちました。コロナの感染拡大で、しばらく発注が止まりました。お客様から音沙汰がないのは、やはり不安ですね。飲食店は大変だと思いますので、どうしていらっしゃるかなと案じております。最近になって、少し荷物が動き出したようで、ちょっと明るい兆しが見えてきたような気がいたします。そういう兆しは、お醤油の注文が増えるので分かるのです。まだまだ本格的な回復とは言えませんが。

発注をいただいた時には、どうですかとお客様にお尋ねして、会話をするようにしています。そうすると、いろいろお話をしてくださるのです。注文をいただいて電話でお話できると、ホッとします。店舗の半分を締めてランチを充実させているお客様もいらっしゃいますが、煮物などが動く夜の飲食が動いてくれないと厳しいですね。飲食店はもちろんのこと、醤油の使われ方が夜の飲食とランチやお弁当では違いますから。ランチやお弁当では、揚げ物や焼き物が主になりますので、醤油の出番が少ないのです。

コロナの影響で飲食店は大変ですが、一方で、家庭で食べる食事が見直されているようです。外食が無理なら家の食事を充実させて、家族で楽しむようにされる方が多いようです。家の食事は、その土地の食材を活かすことになりますし、先祖代々の味や調理法や食事の作法を思い出したり考えたりする機会でもあります。そういうことを家族で確認し合うことも意義がありますよね。家庭の味の見直しと言いましょうか。ですから、コロナ禍ではありますけれども、家族が一緒に自宅で食べられる機会を楽しんでいただきたいと思っています。

これからと、後継者のこと

これからは、人口が減っていきますから心配ですね。いよいよ娘の時代になりますが、大変だと思います。私が元気な間によい環境を作ってあげたいと思っています。また、この家業と会社を残したいし、続けてもらいたいとも願っています。手伝う中で、娘はいろいろ悩んだり落ち込んだりすることもあるようです。私は、自分で体験しておくことが大事だと思っています。突然何かをやれと言われても、分からないと思うんですよ。勉強だけしていてもダメで、実践をして、条件によって違ってくるということを体験しないと、分からないですからね。

娘は、今は一生懸命甘酒を造っています。私は甘酒は造らなかったので、娘に飛び越えられたような気持ちです。神社のお祭りに奉納甘酒を造ってお供えして、それを皆さんに振る舞うという風習があり、今まではその時だけ造っていました。しかし、新しい商品として甘酒がいいんじゃないかと言ってくださる方がいて、容器なども考えて販売するようになりました。甘酒は飲む点滴と言われますし、20年ぐらい前からでしょうか、身体によいということで注目され、ブームにもなっていますから、時勢にも合っていると思います。特に今は、コロナの時期で、免疫力を高めるために飲んでおられる方も多いようです。おかげさまで、いろんなお客様が買ってくださっています。また、娘は料理学校を出たので、料理などにも活かすことができたらよいと思っています。

会社の仕事を手伝ってくれているので、娘と従業員との関係もできています。しかし後継者となると、まだまだ安心はできません。現場も大事ですし、事務も経理もできないといけないですから。まず一つひとつを学んで行って、お客様のことも学んで。まだまだこれからですね。私もやっとなんとかやれるようになったような状況です。これまでは父が元気でしたので、いろんなことを習いながらやって参りました。麹造りから何から、身をもってさまざまなことを体験し、教わりました。娘はそういう体験もしないといけません。

麹造りを引き継ぎ、自社の味を守っていく

麹は寝ないと言われます。夜も麹は生きて、働いているのです。4日間かかりますので、その夜の時間帯がやっぱり不安ですね。寒い日には室温が摂氏で1桁台になりますが、麹の温度が下がってはいけないので、すごく大変で気を遣います。麹造りの適温は摂氏36度～38度で、夏でも冬でもそれを保たなければならないのです。10月ぐらいの一番温度が高い頃でしたら、あまり手をかけなくてもできるのです。しかし、真冬の1桁台の温度から36度以上に上げるのは大変です。底冷えがしますから、下の方の麹は温度が上がらないのです。そこで、一番手入れ、二番手入れと言うのですが、麹を上下入れ替えたり、板の上

に移し替えたりして、米のかたまりを手でほぐしたり、切り返したりして、温度が均一になるようにしてやるんですね。その時に温度が下がっている麹には「温度調節、頑張ってね」とか「応援しているよ」とか声をかけて手入れをするのです。そうしてできた麹は、樽に入れて塩水と一緒にして発酵させていきます。その後も常に手を入れて、酸素を入れてあげます。そうしないと、品質のよいもろみにならないのです。もろみにした後は樽の中で熟成させます。３年ぐらい経つと、醤油に絞れるようになります。

こうして、この土地のこの建物で醤油や味噌や甘酒を造ることができているのは、建物の中によい麹菌が生きているからなのです。麹菌は見えませんが、確かにいます。だから、見えないものが私たちを支えてくれているということに、気付いてもらえたらと思いますね。最終的に麹が育つ環境を必ず同じになるように調えてあげるのが人間だけど、育ってくれるのは麹菌がいるからです。目に見えない存在の麹菌が麹そのものを作ってくれているのですが、いつも同じような麹ができるのが素晴らしいな、と思うのです。私も、麹菌に育てられているという気持ちがしています。

いろんな会社の醤油がありますけれども、角が立っているとか、まろやかだとか、味も香りも全部違うのです。それを守れるのはその土地でしか作れない麹のおかげで、麹の情報は麹室の中に全てあるのだと思うのです。いろんな味があって当たり前なのですが、自分の味はこれ、と自信を持って守っていくことが当社の使命だと思っています。

HACCPへの対応とこれから

今年6月1日から、原則としてすべての食品等事業者はHACCPに沿った衛生管理に取り組まなければいけなくなります。HACCPというのは、食品製造の衛生管理の手法です。食品等事業者自らが食中毒菌汚染や異物混入等の危害要因（ハザード）を把握した

上で、原材料の入荷から製品の出荷に至る全工程の中で、それらの危害要因を除去または低減させるために重要な工程を管理し、製品の安全性を確保することを目指すものです。

これを受けて当社でも、HACCPの衛生管理基準に適合した工場を造りました。この建屋全体をHACCP対応にする必要はないので、管理対象となる重要な工程だけを1か所に集め、そこだけを他の製造設備から独立させて隔絶し、HACCPの基準に適合するようにしました。つまり、工場の中に新しいHACCP対応の工場を造ったのです。この工場の建物全体はJASの基準を満たしています。JAS対応のこの工場はそ

のまま活かして、その中にＨＡＣＣＰの工場を入れました。こうして、工場全体はＪＡＳで守られていて、その中でもＨＡＣＣＰが必要なところはちゃんとＨＡＣＣＰで守られるという状態にすることができ、引っ越す必要もなくなりました。最初は、今座っているこの建屋の中にＨＡＣＣＰの工場を入れようかと計画していたのですが、ここは2階に麹室と味噌の生産設備がありまして、天井が低いので難しいという判断になりました。そこで、奥の方の、もろみを絞る設備などが置いてあった場所の機械やタンクなども全部外してしまって、そこに新しい工場を造りました。工場造りには平成30年のものづくり補助金を活用させていただきました。これからの時代を考えると、非常に大きな一歩になったと思っています。

いつまでも変わらない味を

何とか生き延びて、会社を娘に残していきたいと思っています。右肩上がりでなくてよいと思っています。上がると、絶対下がりますからね。それに右肩上がりにすると人が必要になります。人口減少ですし、こういう工場とか製造の会社は、求人募集してもなかなか若い人が入ってこない時代ですから。醤油は日本の食文化ですから、できれば日本の方に受け継いで働いてもらいたいとは思っています。それで、新しいＨＡＣＣＰの工場は、見学していただけるように造りました。厳しくなったＨＡＣＣＰへの対応はもちろんですが、お客様にも見せられる綺麗な工場にすることにこだわりました。

私たちが子どもの頃は、牛乳屋さんとかパン屋さんとかに見学に行ったものです。しかし今の若い人は、工場見学に行ったことがないのだそうです。それで、そういう見学の機会を作ってあげないといけないな、と思いました。モノづくりの会社が減るというのは、見える魅力がないからだと思います。モノづくりの魅力をアピールできるようなことをやりたいな、と思いました。日本人でよかったなと思って見てもらえるようにしたいです。

〔ココに注目！〕

味というのは不思議なもので、地域性が強い。このことは、醤油という商品の流通にも大きな影響を与えている。つまり、味文化が違うところには流通しにくいということだ。実際、林醤油の商品も島原市での需要が９割以上を占めるという。これは右肩上がりの拡大路線から見たら、窮屈な制約に見えるかもしれない。しかし見方を変えれば、この９割以上はこれから先も商品選択を変えないことを意味しているのだ。島原市の外の醤油屋が、島原市に入るのは難しいということである。これはつまり、日本人にとっての和食の味を調える醤油を造る醤油メーカーは、ご当地の消費者によって守られているということだ。では、消費者の何によって守られているのか。

消費者の味と舌によって守られているのだ。何と幸せな関係であろうか。

このように考えると林醤油の戦略は自ずと決まってくる。島原市民の全員に愛される商品作りを、これからも持続していくことだ。林醤油は、すでにそのための作戦を立てて実行に移している。今回の取材を通して私が知った作戦は次の3つである。(1)HACCPに準拠した工場を造ること。(2)その工場の設備を小中学生など地元の人々が見学できるようにすること。(3)醤油と原料が同じ麹を活かした発酵食品の新商品を、甘酒として開発し販売していること。

HACCP準拠の工場を人々が見学できるようにしたことも、大きな意義がある。食生活はシビック・プライド（都市に対する市民の誇り）の原点である。小学生が社会科見学でふるさとの味を作る工場を見ることは、その形成の一環だ。地域で生き続けるという選択肢を具体的に示すことにもなるだろう。

ポイントまとめ　**地域の味を守り続け、品質管理を見える化する**

1. 島原の味と顧客を守り、その関係を持続する。
2. そのためにHACCP準拠の工場を設立し、見学可能な綺麗な工場にする。
3. 新商品を開発しつつ、町の人々と変わらない製品の味や価値を共有。将来につなげていく。

あとがきに代えて

新型コロナ・ウイルス感染症で我々の生活は一変してしまった。「変」は英語ではＣＨＡＮＧＥ。似た単語にＣＨＡＮＣＥがあり一字違いだ。それはＧとＣの違いだが、Ｇはよく見るとＣと小さなＴから組み合わさっている。数式で表すと、Ｇ－Ｔ＝Ｃ。Ｔは何かといえば「Taboo である。故に、この数式は「大変な時期には、タブーを捨てて戦略を立てればチャンスとなりうる」と読める。先入観を捨てて自らの事業を見直せば顧客ニーズを把握できるのである。

昔、有名な乳酸菌飲料メーカーが経営の危機に遭った時、原液を水で薄めて缶入り飲料として販売してはどうかという社内提案があった。当時の経営陣は「原液が売れなくなるから」とその提案を受け入れず、業績は低迷したまま結局、他企業に買収されてしまった。その後、買収した企業は乳酸菌飲料の知名度を生かして原液を薄めて缶入り飲料を製造・販売し売上を大幅に伸ばした。

この本に登場する企業は変化を厭わず、見事にＧ（変化）をＣ（チャンス）にしている。しかし闇雲に変化したのではなく、徐々に本業の川上や川下に辿りついたのである。最新鋭の機械設備を購入して時代を先取りする会社、業務改善を進め休暇を増やし従業員満足度を上げた会社、顧客満足度向上に一生懸命な会社、地域貢献を社是とする会社、女性の活躍推進を進める会社等、不断の努力が新しいニーズへの近道なのであることを教えてくれている。

果敢に挑戦するそれら企業の姿を『遊撃する中小企業』という本書のタイトルに込めた。そして経営者たちの決断の節目に「縁」ある人々が登場する。経営者たちからは信用金庫への感謝の言葉が所々に述べられている。取材時に「もし信用金庫と縁がなかったら今はなかったのかもしれない。」と目を潤ませながら語る経営者もいた。しかし、縁があったのは、とりもなおさず経営者の姿勢が真摯であり正直であったからに他ならない。

信用金庫は、昔から人物を重視して融資を行ってきた。それが不幸にも人物重視で融資できなくなった時期が約20年間続き、中小企業を元気にすることができなくなったので日本全体が元気でなくなった。いくら大企業が元気でも外国から部品調達して利益を上げても、日本経済への貢献度は低い。

さて、ベストセラー『日本でいちばん大切にしたい会社』の著者であり「人を大切にする経営学会」を主宰する坂本光司先生は、５人を大切にする経営を提唱している。欧米型の資本主義の考え方では株主が一番大切にされるが、我が国の８，０００社以上の企業を見てきた坂本先生は、日本で持続的経営をしている企業は次の順番でステイクホルダーを大切にしていると分析しているのだ。
それは、①従業員、②協力（下請）企業、③顧客、④地域、⑤株主の順である。
この本に登場する企業は、例外なく従業員を大切にしているのが分かる。中には経営者が従業員を家族のように思っている企業もある。

二人の職人について触れておきたい。「後藤の饅頭」の後藤裕樹氏と「木下木芸」の木下正人氏だ。創業者の饅頭の味を頑なに守る後藤氏と伝統工芸の組子の地位を高めた木下氏に「変」は一見関係ないように思える。後藤氏は祖父が創った伝統の味を守るために都会のサラリーマンを辞めて修業の道を選んで飛び込んだ。木下氏は組子職人になるために栃木県鹿沼の建具職人と組子職人のもとで厳しい修業を自ら選んで行った。どちらも、ご本人にとっては大きな変化だったのだ。

筆者の若林宗男氏は「競争しないこと」というキーワードを度々述べているが、ここに登場する企業は価格競争に陥らず、先進性、技術、接客、スピード、伝統、ブランド、信頼、地域貢献、環境などの様々な、目には見えにくい知的資産の重要性を教えてくれている。

地域密着の協同組織金融機関である信用金庫は、グローバル展開や東京に支店を有するなどの株式会社金融機関とは異なる経営理念を有する。若林氏のことばを借りれば「競争しないこと」が重要であろう。今回の取材では信用金庫自身が地域から一層信頼され、必要とされる金融機関となるヒントをもらったような気がする。

一般社団法人九州北部信用金庫協会
専務理事　篠原　幸治

遊撃《ゆうげき》する中小企業《ちゅうしょうきぎょう》［第《だい》2弾《だん》］
福岡《ふくおか》・佐賀《さが》・長崎《ながさき》 注目《ちゅうもく》の企業《きぎょう》15社《しゃ》

令和3年6月30日発行

編　　著　一般社団法人九州北部信用金庫協会
〒812-0016 福岡県福岡市博多区博多駅南1丁目10-4
tel 092-481-8815

取材・執筆　若 林 宗 男

発 行 者　田 村 志 朗

発 行 所　㈱ 梓 書 院
〒812-0044 福岡市博多区千代3丁目2-1
tel 092-643-7075

印刷・製本／大同印刷㈱

ISBN978-4-87035-718-1